KB066636

미중전쟁의 승자,
누가 세계를 지배할 것인가?
미국편

미중전쟁의 승자, 누가 세계를 지배할 것인가?

최병일 지음

미국편

책들의정원

미중 관계, '경쟁적 협력'에서
'대립적 경쟁'으로

2018년 2월 평창올림픽 개막식. 차갑게 얼어붙은 겨울 밤하늘 위로 화려한 위용을 드러내었던 올림픽을 상징하는 오륜기. 그 오륜기는 다름 아닌 새들의 눈부신 날아오름이었다. 그런데 그 새들은 진짜 새가 아닌 드론drone이었다.

항공 촬영이란 개인적 취미에서부터 택배, 농약 살포, 스포츠 중계, 영화 제작, 재난 구호 현장에 이르기까지 무궁무진한 활용 가능성을 보여주면서 블루오션blue ocean으로 떠오른 드론. 그렇다면 세계시장에서 드론의 최강자는 누구일까?

아직 시장에서 주식이 거래되지도 않은 창업기업인 DJI Da Jiang Innovation 가 바로 그 주인공이다. 중국 선전에서 창업한 DJI는 산업용, 국방용, 기업용이 아닌 개인용 드론의 새로운 지평을 연 기업이다. 하늘에서 내려다본 멋진

사진을 찍어보길 꿈꾸는 사람들은 더 이상 비행기를 임대하는 수고를 들일 필요가 없다. 지상에서도 환상적인 항공사진을 찍을 수 있기 때문이다. 그 꿈을 현실로 만든 것이 바로 DJI 드론이다.

영국이 자랑하는 해로즈Harrods백화점. 런던 중심가에서 화려했던 '해가 지지 않는' 대영제국의 위용을 뽐내는 해로즈백화점의 전자제품 매장에서 DJI 드론은 삼성전자, LG전자의 초대형 평면TV들과 함께 소비자들의 이목을 집중시키며 자리 잡고 있다.

중국을 대표하는 기업들의 성공 공식은 오직 하나였다. 이미 세계시장에서 성공한 외국 기업의 제품과 비슷한 품질의 제품을 파격적으로 낮은 가격으로 제공하는 것이다. DJI는 이런 점에서 기존 중국 기업과는 다르다. DJI는 6개월이 멀다 하고 신제품을 시장에 내놓는다.

DJI는 중국 기업이 가보지 않은 새로운 길을 만들어내고 있다. 그렇다면 그 성공 비결은 무엇일까? 우선 연구개발에 엄청난 자원을 쏟아 붓고 상상을 초월하는 인센티브로 동기부여를 한다. 또한 세계 최초, 세계 최고를 위한 구상과 노력, 전략이 그들의 일상을 지배한다.

중국 선전에 위치한 DJI 본사 앞의 인파로 득실거리는 광장은 고공 시험비행을 하는 드론으로 넘쳐난다. 2018년 4월 선전 DJI 본사를 방문하여 드론을 시험비행하면서 나는 문득 오래 전 어느 봄날을 떠올렸다.

1994년 4월, 제네바 GATTGeneral Agreement on Tariffs and Trade, 관세와 무역에 관한 일반협정 빌딩. 1993년 12월 말 8년간의 협상 끝에 극적으로 타결된 우루과이라운드Uruguay Round는 WTOWorld Trade Organization, 세계무역기구 설치에 합의했다. 그리고 세계 통신시장의 개방을 위해 기본통신협상(Negotiations on Basic telecommunications)을 출범시킬 것에 합의했다. 우루과이라운드 협정에 따라 1948년부터 제네바의 투명한 호숫가에 자리 잡은 GATT는 1995년 1월부터 WTO로 이름을 바꿀 운명이었다. 기본통신협상은 1994년 상반기부터 시작될 예정이었다.

본격적으로 시작될 협상을 앞두고 탐색전이 소집되었다. 몽블랑의 만년설이 창 밖 저 멀리 보이는 회의실에서 한국 대표로 참석한 나는 정보화시대라는 세계사적 전환점에서 통신 서비스의 중요성과 개도국이지만 통신강국을 꿈꾸는 한국의 구상을 설명했다. 국가 독점 통신 서비스 체제로는 정보화시대의 가능성을 현실화하지 못하기 때문에 민간의 창의성을 도입해야 하며, 이를 위해서는 경쟁과 개방이 필수적이지만 민간의 활력을 최대화하면서 공공의 이익을 조화시키는 방식은 국가마다 그 발전 단계에 따라 가장 적합한 방식으로 채택해야 할 것이라는 점이 발언의 요지였다. 회의가 끝나고 회의장을 떠나려는데 누군가가 다가왔다. 자신을 중국 대표단이라고 소개한 그는 나의 발언 요지를 요청했다.

그 당시 중국은 GATT 회원국이 아니었기에 회의 발언권은 없는 옵저버observer 자격으로 참석하고 있을 때였다. 중국은 그로부터 7년의 세월이 흐른 2001년 WTO에 회원으로 가입했다 통신과 통신 산업의 중요성을 실감하고 있던 중국은 한국이 어떻게 공공독점에서 경쟁체제로의 변화를 구상하는지에 주목하고 있었다.

그로부터 24년. DJI의 사례가 웅변하듯이 중국은 통신 산업에 관한 한 더이상 개도국이 아니다. 세상은 새로운 기술 변화의 변곡점에 서 있다. 빅데이터와 디지털 기술이 온라인과 오프라인으로 융합되면서 상상이 현실로 변하고 있다. 4차 산업혁명으로 명명된 역사적 변곡점에서 중국은 가속 페달을있는 힘을 다해 밟고 있다.

인구 14억의 세계 최대 무역대국이자 제2의 경제대국으로까지 성장한중국. 중국은 이제 더 이상 짝퉁이나 싸구려 제품을 만들어내던 그 중국이 아니다. 중국의 경제대국이면서 경제 강국이기를 꿈꾼다. 물론 기술력 없이 경제 강국으로 등극한 경제대국은 없었다. 19세기 세계 최고의 경제대국 영국, 20세기 세계최고의 경제대국 미국이 그랬다.

그러다 보니 중국은 세계사적인 디지털 대전환의 기회를 결코 놓칠 수없다. 중진국 수준에 도달한 13억 중국시장의 빗장을 단단히 걸어 잠그고 중국 기업에게만 활동 공간을 허용한 디지털 산업에서 중국은 세계 최대 규모의 기업, 세계 최고의 창업기업을 키워내는 데 성공했다.

1978년 개혁개방의 최전진 실험기지였던 선전은 이제 세계 IT기업들의메카가 되었다. 중국의 혁신을 대표하는 DJI, ZTE, 화웨이, 텐센트가 자리 잡은 선전은 '기술적 상상력이 현실로 바뀌는' 아시아의 실리콘밸리가 되었다. 한적한 어촌이었던 선전은 40년 만에 200미터가 넘는 초고층 빌딩이 10개에,

인구 1,200만 규모의 초거대 혁신창업도시로 변모했다. 홍콩의 경제 규모를 앞질렀다는 선전은 창업과 혁신의 열기 속에 매일 아침을 연다. 중국은 선전을 앞세워 실리콘밸리를 추격하고 있다.

19세기 후반 '서세동점西勢東漸'의 거센 물결 속에 삼켜졌던 중국의 '150년 굴욕'을 끝낼 수 있는 순간을 잡았다고 중국 지도자들은 판단하고 있다. 1978년 개혁개방 이후 지금까지 경제 실험이 '추격전 따라잡기'이었다면 역사의 커브길로 접어든 이 순간, 중국은 미국을 추월하여 전세를 뒤집으려 한다.

2018년 트럼프 미국 대통령이 중국을 상대로 시작한 무역전쟁이 대통령 선거 때 이단아 트럼프에게 표를 주지 않았던 미국인들, 미국 주류사회에서도 지지를 받는 이유는 중국의 무서운 속도의 '기술굴기' 때문이다. 그래서 미중 무역전쟁의 핵심은 기술전쟁인 것이다.

미중 무역전쟁이 시작된 지난 해 봄부터 많은 강연 요청을 받았다. '무역으로 먹고 사는 나라' 대한민국, 무역으로 개도국에서 선진국으로 진입하는 경제 기적의 역사를 쓴 대한민국에게 미국과 중국은 둘 다 놓칠 수 없는 치명적으로 중요한 시장이다. 그 둘이 무역전쟁을 한다는 것이 한국에게 어떤 의미인지, 한국은 어떻게 해야 하는지 그들은 궁금해 했다.

그 질문에 제대로 답하기 위해서는 왜 미국과 중국이 무역전쟁을 선택했는지에 대한 이해가 필요하다. 피상적인 이해가 아닌 심층적인 이해가 있어야 한다는 것이다. 무역은 미국과 중국을 연결해온 가장 중요한 고리였다. 그

고리를 뒤흔드는 무역전쟁은 양상은 경제적이지만, 본질은 정치적이다.

　그래서 미중 무역전쟁에 대한 경제적인 분석만으로는 본질에 다가설 수 없으며, 미중 패권경쟁이라는 거대담론만으로는 무역전쟁의 양상을 제대로 파악하기 어렵고, 한국경제에 미칠 영향을 가늠하기도 쉽지 않다. 디테일detail, 빅픽처big picture 모두 있어야 미중 무역전쟁을 제대로 이해할 수 있다. 무역전쟁의 이면에 자리 잡은 기술전쟁과 패권경쟁, 이 세 가지 측면을 동시에 이해해야 한다. 이런 내용을 담은 나의 강연은 지난 한 해 전국을 순회했다.

　서울, 수원, 광주, 진천, 세종, 대구, 용인 등지에서 기업인들, 연구자들, 정치인들, 언론인들, 학생들까지 다양한 청중들과 문제의식을 공유하고 한국의 미래를 토론했다. 봄에 시작한 강의는 여름의 폭염 속에서도 계속되었고 가을로 이어졌다. 미국 중간선거용으로 트럼프가 중국과 무역전쟁을 한다는 견해는 심판대에 올랐고 결국 아닌 것으로 판명이 났다.

　나의 강의는 계속되었다. 12월 초 아르헨티나 부에노스아이레스에서 미중 정상회담이 예고되었을 때 "부에노스아이레스에서 탱고는 없다"고 타협의 가능성을 일축한 나의 예측은 이번에도 들어맞았다. 겨울에도 강의에 대한 요청은 그치지 않았다. 미중무역전쟁은 계속되었다. 협상 국면으로 전환했지만 불안한 휴전이 계속되고 있다. 이제 미중 무역전쟁은 1년을 넘겼다.

　미중 무역전쟁이 터지고 계속되자 많은 분들이 많은 질문을 던져왔다. 이 책은 강연을 통해 만나지 못한 더 많은 청중과 소통하기 위한 시도이다.

하얀 종이 위를 검정색 글자가 아로새겨지는 저술 과정은 늘 그러하듯이 만만치 않은 창작의 고통이 수반되지만, 그 고통을 잊게 하는 것은 토론하고 논쟁하고 배울 수 있는 동학들과 함께하는 순간들 때문이다.

　미중 무역전쟁이라는 세계사의 전환기적 대사건을 입체적인 분석을 해보려는 나의 시도에 시간과 지혜를 허락해준 많은 분들에게 감사드린다. 패권경쟁 관점에서 미중관계를 보게 해준 서울대 정재호 교수, 중국 관점에서의 시각을 일깨워준 서울대 정종호 교수; 미중 기술경쟁의 치열한 현장에 조금 더 다가갈 수 있게 해준 서울대 차상균 교수, 성균관대 신창환 교수에게 감사드린다. 오랜 세월 같이 통상정책을 고심하고 토론해온 서울대 박태호 교수, 서강대 허윤 교수, 인하대 정인교 교수, 이화여대 최원목 교수, KIEP 정철 박사, 서울대 안덕근 교수, 서울대 이재민 교수와의 토론은 지적 긴장감과 날카로움을 단련시켜주었다. 한국통상정책의 대전환이었던 한미FTA 협상의 주역이었던 김종훈 전 통상교섭본부장, 최석영 전 제네바대표부 대사, 이혜민 전 프랑스 대사는 협상가가 생각하는 선택지와 선택의 순간을 캐묻는 집요한 질문에 넉넉한 시간을 허락해주셨다. 패권국인 미국과 부상하는 중국이 서로를 불신하는 투키디데스 함정Thucydides Trap에 빠지면 그 귀결은 전쟁이라고 주장하는 하버드대학의 그레이엄 앨리슨Graham Allison 교수와의 지난여름 토론은 미중 패권경쟁의 필연성을 생각해보는 계기가 되었다.

　미중관계 변화를 국내 정치경제와 지정학을 연계하는 전략적 분석 차원에서 본격화하게 된 계기는 한국-미국-중국 삼자회의였다. 2014년부터 시작되어 지금도 계속되고 있는, 서울, 워싱턴, 베이징을 오가며 개최되어온 삼국 전문가들의 이 놀라운 회의는 시진핑 주석의 등장 이후 중국이 가는 길이 어떤 경로인지, 미국이 기대했던 경로와는 어떻게 다른지, 그래서 어떤 갈등을 낳고 있는지를 적나라하게 드러내주었다. 토의가 거듭될수록 중국과 미국이 서로 원하는 것, 두려워하는 것들이 분명히 다가왔다. 그럴수록 변화하는 미중관계에 한국이 제대로 대처하고 있는지에 대한 의문은 짙어갔다. 이 삼자회의를 기획하고 인식과 시각의 지평을 확장하는 문을 열어준 한국고등교육재단의 박인국 사무총장께 감사드린다.

책 집필 과정에서 자료 정리를 도와준 주보라, 김예원, 민준홍에게 감사한다. 그들은 미중 무역전쟁 이후 세상을 이끌어갈 우리 젊은 세대를 상징한다. 대한민국 새로운 기적의 역사를 써 내려갈 젊은 세대에게 이 책을 바친다.

2019년 4월
봄의 색깔이 물결치는 이화 교정에서
최병일

목차

Ⅲ 최후의 승자는 누구인가

I

대립 그리고 긴장

전쟁 속
이상한 휴전

2018년 12월 1일, 캐나다 밴쿠버 공항. 태평양을 앞에 두고 뒤로는 흰색의 만년설 모자를 뒤집어쓴 산들이 장관을 이루는 캐나다의 서쪽 관문 밴쿠버. 본격적인 스키 시즌의 개막을 맞이하여 세계 3대 스키장 중 하나인 휘슬러 블랙콤Whistler Blackcomb을 찾는 여행객들로 공항은 북적거렸다. 그중에는 중국인들도 꽤 있었고, 집으로 돌아오는 밴쿠버 시민들도 많았다.

밴쿠버는 홍쿠버라 불릴 만큼 홍콩계 중국인들이 많이 살고 있다. 1997년 홍콩의 중국 반환을 앞두고 중국공산당이 이끄는 홍콩의 미래를 우려한 많은 부유한 홍콩인들이 영국의 연방국가인 캐나다로 재산 취득과 이주 가능성을 모색하면서 밴쿠버는 부동산 시장의 신데렐라로 떠올랐다.

이들과 섞여서 입국 심사를 기다리고 있던 중년의 중국 여성을 주목한 사람은 아무도 없었다. 그녀가 입국 심사대에 서는 순간, 경찰들이 나타나 그녀를 체포하기 전까지는…. 그 여성은 바로 중국 최고 통신 장비 기업인 화웨이Huawei의 최고재무책임자CFO 멍완저우孟晚舟였다.

그녀는 왜 경찰에 체포되었나? 그녀의 체포 영장을 발부한 곳은 미국 뉴욕 법원. 그녀가 체포당한 곳은 캐나다의 밴쿠버. 뭔가 이상하지 않은가? 미국 정부는 화웨이가 미국의 대 이란 제재 조치를 위반했으며, 멍완저우가 위반의 실체라는 물증을 확보하고서 체포 영장을 2018년 여름에 발부했던 것이다.

멍완저우는 이미 오래전부터 미국을 떠나 있었다. 그녀의 주 활동 무대는 중국이었고 밴쿠버에 주택을 보유하고 있었기에 가끔 방문하던 차였다. 멍완저우가 11월 하순부터 12월 초 사이에 홍콩을 출발해 밴쿠버를 경유하여 멕시코로 향하는 업무 일정을 세우고 있다는 첩보를 알아낸 미국은 캐나다 정부에 그녀가 입국하면 체포해서 미국으로 인도해달라는 요청을 해두었던 것이다. 그리고 캐나다 정부는 그 요청을 수락하였다. 멍완저우가 중국을 대표하는 세계적 통신 기업 화웨이의 창업자 런정페이任正非의 딸이라는 사실, 그리고 그녀의 체포 시점이 미중 무역전쟁 와중에 벌어졌다는 점이 세상을 충격에 빠뜨렸다.

그녀가 체포되던 그 순간, 지구 반대편 아르헨티나의 수도, 부에노스아이레스에서는 무역전쟁을 벌이고 있는 도널드 트럼프Donald Trump 미국 대통령과 시진핑^{習近平} 중국 주석의 정상회담이 한창 진행 중이었다.

2018년 7월 초, 트럼프 미국 대통령은 500억 달러의 중국 수입품에 25% 관세를 부과하는 조치를 단행했다. 이는 그의 집권 첫해인 2017년 여름 시작된 중국의 지적 재산권^{IPR} 위반 조사 결과에 따른 조치였다. 시진핑의 중국도 즉시 500억 달러어치의 미국 수입품에 25% 관세 부과로 맞섰다. 중국이 맞대응하면 더 강력한 관세 폭탄을 투하하겠다고 공언했던 트럼프 대통령은 2,000억 달러의 중국 수입품에 대한 10% 추가 관세를 지시했다. 한 걸음 더 나아가 그는 2019년 1월부터 10% 관세를 25%로 인상하겠다고 위협했다.

세계 경제 규모 1, 2위 국가가 서로를 향해 관세 폭탄을 경쟁적으로 주고받으면서 상대를 폭격하는 것은 사상 초유의 일이다. '무역전쟁^{trade war}'이라는 단어 외에는 달리 적절한 표현이 없다.

그렇다면 과연 트럼프 대통령은 무엇을 원하는가? 그는 2016년 대선 유세 과정 내내, "중국이 미국을 겁탈하고 있다^{China is raping us}"라고 목소리를 높여 왔었다. 중국의 천문학적인 대미 무역수지 흑자 – 하루 10억 달러, 한 해 3,650억 달러 수준^{3,650억 달러 무역수지 흑자는 미국에서 중국으로 수출액의 세 배와 맞먹는다} – 를 미국의 일자리를 빼앗고 미국 경제를 침탈하는 행위와 동일시해온 트럼프는 무역수지 적자를 획기적으로 줄일 것을 요구하고 있다.

하지만 문제는 무역수지만이 아니다. 미국은 경기장이 중국 측에 유리하게 기울어져 있다고 주장한다. 기울어진 운동장^{uneven playing field}에선 아무리 상대 진영을 향해 공을 차도 그 공은 다시 미국 측으로 되돌아온다. 또한 경기하는 선수들에게 공정하게 규칙을 적용해야 할 심판이 중국 편만 유리하게 판정한다고 불만이다. 그 심판은 틈만 나면 중국 편에 유리하도록 공을 슬쩍 옮겨놓기도 한다고 미국 측은 잔뜩 화가 나 있다.

그럼 중국은 트럼프가 원하는 것을 줄 수 있을까? 트럼프가 중국을 상대로 관세 폭탄 단추를 누르기 직전, 중국은 미국과 막판 협상을 시도했다. 미국은 2,000억 달러 규모의 미국산産 제품 구매 및 그 이상을 요구했고, 중국은 1,000억 달러 규모의 미국산 제품 구매를 제안했다. 하지만 협상은 결렬되었고 트럼프의 관세 폭탄은 중국을 향해 날아갔다. 시진핑도 지체 없이 같은 규모의 관세 폭탄으로 미국에 강력하게 맞대응했다. 격앙된 트럼프는 몇 배 더 큰 관세 폭탄의 방아쇠를 당겼다. 시진핑은 이번에도 물러서지 않고 즉각 관세 폭탄으로 맞대응했다.

2018년 여름부터 본격화된 미중 무역전쟁은 세계 경제를 지금까지 가본 적이 없던 길로 내몰았다. 트럼프의 강공에도 불구하고 시진핑은 물러서지 않았다. 중국 협상단이 미국을 찾아왔지만 타결은 이번에도 실패했다. 트럼프가 중국을 상대로 무역전쟁을 선포할 때 '중간선거용'이라는 관측이 떠돌았다. 2018년 11월로 예정된 미국 의회 선거에서 지지자들을 결집시키려는 선거 전략으로 중국 때리기를 한다는 관측이었다.

미국 증권가와 중국에서 유포된 이 관측은 '희망고문'으로 판명되었다. 미국의 중간선거는 끝났지만 타협은 없었다. 트럼프가 중간선거용으로 중국과 '적당히' 타협한 후 '승리'를 선언할 것이라는 그들의 시나리오는 빗나갔다. 오히려 미중 무역전쟁은 계속되었다.

미중 신 냉전의 시작

2018년 10월 4일, 마이크 펜스^{Mike Pence} 미국 부통령은 워싱턴의 싱크탱크^{think tank}인 허드슨 연구소^{Hudson Institute}에서의 연설에서 "40년간 미국의 대중국 포용 정책은 실패했다"고 선언했다. 그는 중국이 각종 불법 행위로 미국 경제를 침탈하고 미국 안보를 위협하고 있다고 공개적으로 비난하면서 중국을 미국 경제와 안보를 위협하는 패권국가로 규정했다. 그의 인식은 트럼프 행정부가 집권한 첫해 12월 발간한 국가안보전략^{National Security Strategy} 보고서에서 중국을 미국과 경쟁하는 패권국가로 규정한 인식의 연장선상에 있다. 부통령은 이 연설에서 중국학자와 유학생들이 미국 내 중국의 정치적 영향력을 강화하는 데 이용되고 있다고 주장했다.

이런 주장을 뒷받침하는 사례들은 수시로 미국 언론에 보도되곤 했지만 미국 권력의 최상층부가 공식적인 자리에서 공개적으로 작심발언을 한 것은 대단히 이례적인 일이다. 2018년 10월 펜스 부통령의 연설은 미국의 대 중국 냉전 선언 포고문으로 평가된다.

연설에서 펜스 부통령은 "중국은 다른 미국 대통령을 원한다"라며 중국을 몰아붙였다. '열린사회^{open society}'인 미국의 특성을 중국이 어떻게 활용하여 침투한 뒤 그들의 핵심 이익^{core interests}을 선전하는지 펜스는 구체적으로 설명했다. 그는 중국 유학생과 중국학자가 중국공산당의 스파이일 수도 있다고 암시했다. 그는 공해^{open sea}인 남중국해를 항해하는 미국 군함을 중국 군함이 추격해 와서 밀어내려는 시도를 했고, 충돌할 뻔한 일촉즉발의 상황을 소개하면서 국제법을 위반하는 중국의 패권 추구 야욕을 맹렬하게 비난했다.

펜스 연설의 충격이 아직 가시지 않은 10월 23일. 시진핑 중국 국가주석은 홍콩, 마카오, 주하이^{Zhuhai, 중국 광둥성 중남부 연해의 주장 하구에 위치한 도시}를 연결하는 세계 최장 55km 다리 개통식에 참석했다. 홍콩과 마카오는 중국인 스스로 '치욕의 100년 세월'이라 명명한 서구 열강의 중국 침탈 시기에 영국과 포르투갈에게 각각 식민지로 전락했다가 20세기 말 중국에 반환된 지역이다. 아시아의 실리콘밸리가 된 선전, 라스베이거스를 능가하는 카지노 산업의 새로운 메카가 된 마카오, 세계 최고 수준의 경제적 역동성을 뽐내는 홍콩을 연결하는 이 삼각 지역을 21세기 세계 경제의 지도를 바꾸는 혁신 경제 구역으로 만들겠다는 것이 중국의 구상이다.

이번에 개통된 이 다리는 그 역동성을 연결하는 상징이다. 21세기 초반, 미국 다음의 세계 2위 경제 대국으로 부상한 중국. 그렇다면 중국의 질주는 언제까지 계속될 것인가? 중국은 치욕의 100년 기억에서 얼마나 멀리 왔을까? 그날 개통식에서 시진핑 주석의 머릿속은 태평양 너머 미국으로 가득했을 것이다. 시진핑의 다리 개통식 참석은 40년 전 1978년 중국의 개혁개방으로의 역사적 대전환을 떠올리게 만들었다. 서양 제국주의에 굴복하여 중국 제국은 멸망하고 국민당과의 치열한 내전을 거쳐 중국 대륙을 정복한 중국 공산당이 1949년 건국한 중화인민공화국. 건국의 아버지인 마오쩌둥^{毛澤東}은 중국에 최초로 노동자와 농민이 주인이 되는 나라를 세웠지만 그들의 삶은 나아지지 않았다.

세계와 격리된 '죽의 장막^{bamboo curtain}' 속 중국의 실상은 공산주의란 이름의 또 다른 참사였다. 아사 상태에 있던 중국을 지금의 중국으로 변화시킨 계기는 절대 권력을 행사하던 마오가 역사 속으로 퇴장한 후 살아남아 복권한 덩샤오핑^{鄧小平}의 개혁개방이었다. "시장이 자본주의만의 전유물은 아니지 않은가"라는 그의 실용주의는 공산당 일당 독재에 시장이 결합되는, 세계 역사상 일찍이 시도된 적이 없는 실험이었다.

2007년 중국은 독일을 제치고 세계 3위의 경제 대국이 되었고, 2010년에는 일본을 제치고 세계 2위의 경제 대국으로 등극했다. 이후 2014년 IMF는 구매력평가기준^{PPP, Purchasing Power Parity}으로 중국이 미국을 제치고 세계 1위의 경제 대국이 되었다고 발표했다. PPP 기준이긴 하지만 미국이 세계 최대 경제국에서 2위로 내려앉은 것은 142년 만의 대사건이었다. 2018년 말 현재, 중국의 GDP는 미국의 65% 수준까지 추격해 왔다.

사실 21세기가 시작될 무렵, 중국 경제는 미국의 10분의 1 수준이었다. 개혁개방 40년 동안 세계 무역에서 중국의 비중은 0.5%에서 10.2%로 상승했다. 세계 경제에서 중국의 비중은 1.75%에서 15.2%로 상승했다. 현재 중국은 세계 2위의 경제 대국이자 세계 최대의 무역 대국이 되었다. GDP 내 부가가치로 평가한 중국 제조업은 2006년 미국을 제치고 세계 최대 국가 자리에 올랐다.

개혁개방으로의 전환 이후 30년간 중국은 연평균 10%에 가까운 성장률을 기록했다.[1] 중국은 7년마다 경제 규모가 두 배씩 증가하는 놀라운 양적 팽창을 경험하면서 7억 인구가 빈곤에서 탈출하는 세계 역사상 일찍이 경험하지 못한 기적의 역사를 써 내려갔다.

미중 합작이었던 중국의 경제 기적

사실 중국의 눈부신 부상은 미국이 없었다면 불가능했을 것이다. 개혁개방으로 중국 일부 해안 지역을 해외 투자에 개방하고 중국의 값싼 노동력을 이용하여 싼 물건들을 생산해내기 시작했지만 정작 그 물건을 사줄 곳은 미국과 유럽 선진국들이었다. 그중에서도 세계 최대 경제 국가인 미국이 가장 중요한 시장이었다. 세계 최대의 시장에 중국산 제품을 얼마든지 팔 수 있는 기회가 주어지지 않았다면, 중국은 세계 시장을 상대로 대규모 제조업을 키워낼 수 없었을 것이다.

미국은 시장만 제공한 것이 아니었다. 노동집약적이면서 낮은 기술숙련도의 의류, 가구, 신발 산업으로 자본을 축적하고 기업 경영 능력을 배양한 중국 기업가들이 자본집약적인 전자, 자동차, 선박, 철강, 화학 등으로 산업 구조를 고도화하면서 미국으로부터 핵심 장비와 부품을 의존했던 점은 결정적이었다. 이러한 관점에서 볼 때 중국의 경제 기적은 미중 합작품이었다 해도 지나친 표현이 아닐 것이다.

그렇다면 미국은 왜 중국과 합작을 시도했을까? 여기엔 단순한 경제적 이유를 뛰어넘는 전략적, 안보적 요인이 작동했다. 미국은 중국과 대립적인 관계를 청산하고 1979년 정식으로 국교를 맺게 된다. 한국전쟁에서 적으로 만났던 그들은 1971년 핑퐁외교ping-pong diplomacy로 시작된 리처드 닉슨 Richard Nixon의 중국 방문을 계기로 국교 정상화의 물꼬를 트게 된다. 소련과 냉전을 치르고 있었던 미국에게 소련과 적대적인 중국과의 관계 개선은 미국의 전략적 입지를 강화할 수 있다는 판단이 작용했다. '적의 적은 친구'라는 전략적 생각인 셈이다.

1978년 말 중국의 개혁개방으로 선회 이후, 미국은 중국을 지금껏 미국이 주도해온 세계 경제 체제에 편입하는 것이 미국 이익에 부합한다고 판단했다. 공산당 독재의 중국이지만 중국이 세계 경제와의 연결고리가 강해지면 강해질수록 중국은 정치적으로 유연해질 것이라는 주장이 득세했던 것이다. 이것이 이른바 중국 포용론이다.

1990년대 초 소련이 붕괴하면서 포용론은 더욱 힘을 받게 된다. 소련 공산당 독재가 사라지고 동유럽 공산주의 정권들이 연이어 붕괴하면서 자본주의와 공산주의 진영 간의 냉전이 종식된 상황에서 중국 역시 정치 민주화의 길로 갈 수밖에 없었고, 서구와의 경제 연결이 강화될수록, 그래서 중국의 경제 발전이 진전될수록 그 길은 더 빨라질 것이라는 주장이 미국 정치권을 지배했던 것이다.

중국의 개혁개방이 지금의 중국 경제를 만들어낼 수 있었던 결정적인 장면은 중국의 WTO^{World Trade Organization, 세계무역기구} 가입이었다. 중국의 WTO 가입은 미국의 도움 없이는 불가능했다. 물론 중국의 WTO 가입은 결코 순탄하지 않았다. 공산주의 통제 경제 체제가 세계 무역 체제에 편입되기 위해서는 중국 체제와 세계 경제를 연결하는 시스템을 만들어내야 했기 때문이다. 세계 무역 체제의 문법을 배워야 했고 어휘를 학습해야 했다. 외국 제품이 중국으로 수입되어 유통될 수 있는 체제를 만들어내야 했다.

세계 표준에 맞는 통관 절차, 검역 제도 역시 도입되어야 했다. 이미 WTO에 가입한 국가들은 그들의 시장을 중국에 개방하는 대가로 중국의 개방을 요구했다. 중국은 두려운 마음으로, 돌다리도 두드려 가는 심정으로 개혁을 추진해 갔다.

1989년 봄에 발발한 천안문 민주화운동은 중국 정부를 시험대에 올렸다. 중국 정부의 무력 진압은 민주화의 싹을 무참하게 짓밟았다. 이에 반발한 서구의 중국 제재로 중국은 개혁개방으로 선회한 초기에 최대 시련에 직면했다. 중국 집권 세력 내부에서는 개혁개방 노선에 대한 회의론이 고개를 들면서 홍전^{紅專, 사상과 실용성} 갈등이 격화되었다. 중국이 가야 할 길이 불투명해진 그 암울한 상황에서 1992년 덩샤오핑은 선전, 주하이 등 남방경제특구를 찾아가 지속적인 개방과 개혁의 중요성을 강조하는 담화를 발표하면서 공산당 지도부를 압박했다. 머뭇거리던 중국은 다시 뚜벅뚜벅 개혁과 개방의 길로 걸어가기로 결정했다. 개혁과 개방의 모멘텀은 간신히 유지되었다. 그 길은 결국 2001년 중국의 WTO 가입으로 이어졌다.

미국의 관점에서 중국 포용은 중국 개조 프로젝트이다. 중국의 WTO 가입 허용은 미국으로서는 중요한 압박 수단의 포기를 의미했다. 중국이 WTO에 가입하기 전, 미국은 중국에게 다른 국가와 동등한 무역 조건을 부여할지의 여부를 의회 표결을 거쳐 결정해 왔다.

의회 표결 때마다 중국의 인권, 소수 민족, 대만, 티베트 등 중국공산당이 극도로 민감해하는 문제가 미국 내 정치 쟁점이 되는 상황에 불만을 제기했던 중국에게 WTO 가입은 그런 시절은 박물관으로 가버렸음을 의미하는 정치적 승리였다. 공산당 독재의 중국은 변치 않을 것이고, 중국은 결국 미국의 패권에 도전하는 도전자로 부상할 것이라는 강경파들의 불만에도 불구하고, 온건파들은 중국 포용을 주도했다. 중국의 발전이 변화를 가져올 것이라는 믿음은 미국 내 파워 엘리트들의 지배적인 견해였다.

2001년 WTO 가입 후, 중국의 성장세는 '용의 승천'을 방불케 했다. 세계 최대 시장인 미국에 다른 국가들과 같은 조건으로 시장 접근을 획득한 중국은 질주에 질주를 거듭했다. 결국 2007년 독일을 제치고 세계 3위의 경제 대국으로 부상했고, 2010년에는 일본을 제치고 세계 2위의 경제 대국으로 등극했다.

21세기가 시작될 때 미국 경제의 10% 규모이던 중국은 이제 65% 규모로까지 치고 올라왔다. 중국의 WTO 가입은 결과적으로 중국의 초고속 질주를 가능하게 한 초고속도로였던 것이다.

변하지 않는 중국, 미국의 변심

미국은 이제 와서 중국에게 그 고속도로의 진입을 허용한 것을 후회하고 있다. 15년에 걸친 중국과의 가입 협상을 통해 비싼 통행료를 받아내었고 과속 운전과 반칙 운전을 하지 않겠다는 다짐까지 중국으로부터 받아냈다. 하지만 과속과 반칙을 적발해야 하는 경찰력은 무능하고, 과태료는 터무니없이 싸고, 범칙금 고지서를 발부해도 중국은 "당신들도 예전에 반칙했는데, 왜 나만 못살게 구느냐"고 항변하면서 납부를 거부한다는 것이 미국의 생각이다.

현재 트럼프 대통령은 고속도로에 더 많은 경찰과 순찰차를 투입하는 것으로 중국의 난폭 주행을 막을 수 없다는 결론에 도달했다. 게다가 중국을 그 고속도로에서 끌어내릴 수도 없다. 그래서 트럼프는 자신이 설계하고 확장하는 데 가장 많은 지분을 투자해온 고속도로를 무용지물로 만들고, 그와 생각을 같이하는 국가들에게만 진입을 허용하는 새로운 길을 만들려고 한다. 중국을 세계 통상 체제에서 고립시키는 것이 목표이다.

트럼프 대통령이 중국을 상대로 관세 폭탄을 투하하고 시진핑 주석도 물러서지 않고 보복 관세로 맞대응하면서 미중 무역 갈등이 폭발하자, 세간의 관측으로는 트럼프가 미국의 대 중국 무역수지 적자 해소 및 중간 선거를 목표로 하고 있고, 관세 부과로 대결하는 것은 상호 파괴적이며 인상할 수 있는 관세 폭에 한계가 있기 때문에 지속될 수 없다는 의견이 지배적이었다. 그런데 그러한 관측과는 달리, 미중 무역 분쟁의 수위는 계속 높아졌고, 전선은 확대되어 왔다. 빗나간 관측은 중국과 갈등 수위를 높이는 트럼프와 그의 집행자들의 전략에 대한 이해가 부족한 탓이다.

미국은 중국이 더 강력해지기 전에 그 기세를 꺾으려고 작심하고 있다. 과거와 같은 방식으로 중국을 다루면 중국의 난폭 운전, 광폭 질주는 계속될 것이고 어느 순간부터는 미국도 막을 수 없는 상황으로까지 내몰릴 것이라고 미국은 우려하고 있다. 이 점에 대해서는 미국 내 초당적인 합의가 형성되어 있다.

중국을 '꿀이 흐르는 시장'으로만 바라보던 기업들의 시각도 변했다. '시장을 내어줄 테니 기술을 내어 놓아라'는 중국식 거래 방식을 수용해온 미국 기업들은 더 이상 그런 거래에 참지 않을 태세이다. 더 큰 이익을 위해 중국의 상표 베끼기, 디자인 도용, 영업 비밀 침탈을 쉬쉬해온 그들은 이제 침묵을 깨고 증언대 위에 올라서고 있다.

중국은 시장을 도입했지만 그 시장의 핵심은 경쟁은 허용하지 않는 독특한 제도임을 미국은 이제야 깨달았다. 중국은 열린 미국 시장에서 미국 기술과 브랜드를 사냥해 가지만 중국 투자의 배후에는 중국 정부, 그 뒤에는 중국 공산당의 비밀스러운 계획이 있다는 의혹을 미국은 가지고 있다. 이런 불공정한 관계를 그대로 유지하는 한, 중국의 무한 질주는 계속되고 미국의 패권은 위협받는다는 생각이 미중 무역전쟁의 바닥에 깔려 있다.

트럼프 발 중국 고립 전략은 2018년 9월 말 타결된 '미국-멕시코-캐나다 협정USMCA, United States-Mexico-Canada Agreement'에서 극명하게 나타나 있다. 협정 32조 10항에 따르면, '미국, 멕시코, 캐나다 3국 중 하나가 비시장경제국NME, non-market economy과 FTA를 체결하는 경우, 다른 두 국가는 삼국 간의 협정을 종료하고 양자 간 FTA로 대체할 수 있다고 규정하고 있다. 물론 그 대상이 중국이라는 사실은 중국이 더 잘 알고 있다.

중국은 이 조항에 대해 강력히 반발하고 있다. 무역수지를 대규모로 축소하고, 불법보조금을 금지하여 중국 방식의 기술 산업 정책중국제조 2025, 中國製造 2025, Made in China 2025을 폐기하라는 미국의 요구에 대해 '숫자는 협상할 수 있지만 시스템은 협상 대상이 아니다'라고 맞선 중국을 겨냥한 미국의 중국 봉쇄령은 이제 시작이다.

국제 통상 질서는 '미국 편에 설 것인가, 아니면 중국 편에 설 것인가'로 양분화 될 상황으로 치닫고 있다. 시진핑이 이끄는 중국은 미국과의 무역전쟁이 쉽게 끝나지 않을 것을 잘 알고 있다. 개혁개방 40주년을 맞이한 중국 지도부가 세계 통상 체제와의 연결고리를 더 단단하게 하는 개혁개방이 아닌, 자력갱생과 자립을 강조했다는 것은 미국과의 길고도 험한 싸움을 중국 스스로 각오하고 있음을 의미한다.

미중 무역전쟁 발발 초기에 미중 간의 갈등이 무역 문제로 국한되길 희망했던 중국은 이제 없다. 중국은 미중 무역전쟁의 본질이 패권 경쟁임을 더 이상 숨기지 않는다.

무역전쟁, 가보지 않은 길로

화웨이의 실질적인 후계자 체포 사태는 미중 간에 무역전쟁과 기술전쟁이 동시에 진행되고 있음을 보여준다. 어쩌면 무역전쟁의 본질은 기술전쟁인지도 모른다. 화웨이는 그 한가운데에 있다.

화웨이는 통신 장비 시장에서 판매 1위에 오른 중국의 자존심이다. 2018년 2분기 스마트폰 판매량에서 애플을 제치고 세계 2위에 등극하면서, 1위인 삼성을 바짝 추격하고 있다. 1987년 창업 후 30년이라는 짧은 기간에 세계 최고의 통신 기업으로 수직 상승한 화웨이는 국수주의 냄새가 물씬 풍기는 '중국을 위한다'는 의미의 '화웨이华为'라는 기업 명칭에서부터 인민군 장교 출신 창업주인 런정페이의 경력에 이르기까지 필연적으로 제기되는 화웨이와 그 배후에 중국 정부 및 공산당과의 유착 관계에 대한 논란이 끊이지 않고 있다.

화웨이는 중국 시장을 넘어 세계 시장을 공략하고, 나아가 선진국 시장에까지 진입하기 위해 전력으로 경주하고 있다. 세계 주요 공항을 도배한 화웨이 광고는 이제 익숙하기까지 하다. 화웨이의 야심은 디지털 혁명을 주도하는 5G에서 선두 주자가 되는 것이다. 통신 후발 주자인 중국이 5G 선도 경쟁에 뛰어들었다는 것은 미국, 한국, 독일, 일본 등 민주국가 진영 간의 기술 경쟁이 정치 체제가 다른 경제 체제 간의 경쟁으로 판도가 변화했음을 의미하는 세계사적인 사건이다.

예기치 못하게 캐나다 사법 당국에 의해 체포된 멍완저우는 보석을 신청했고, 무려 사흘에 걸친 치열한 법정 공방 끝에 풀려났다. 거액의 보석금, 자신을 24시간 감시하는 감시자의 비용 부담, 전자 팔찌를 차고 행동 구역을 밴쿠버 일대로 제한한다는 조건 아래 석방된 것이다. 하지만 그녀의 시련이 아직 끝난 것은 아니다. 그녀는 캐나다 법정에서 미국으로의 인도 여부 판결을 기다려야 하는 운명에 처해 있다. 2018년 12월 1일, 부에노스아이레스에서 시진핑은 트럼프와의 정상회담에서 90일 동안 휴전에 합의했다. 미국은 2019년 1월이 시작하는 즉시, 중국산 제품에 대해 25%로 관세를 인상하려던 계획을 잠정 보류했다. 2019년 3월 1일까지 협상의 문이 열린 것이다.

이것은 과연 우연의 일치인가. 멍완저우가 미국으로의 범인 인도 판결이 내려지는 시간표와 미중 무역 협상의 시간표는 같이 흘러간다. 멍완저우의 여정이 밴쿠버에서 중단된 직후, 중국 공안 당국은 중국 내에서 활동 중인 세 명의 캐나다인을 체포했다. 2019년 1월에는 마약 소지 혐의로 체포된 캐나다인에게 사형 선고를 내렸다. 주캐나다 중국 대사는 공개적으로 캐나다 정부가 멍완저우를 미국으로 인도할 경우, 상상하기 어려운 심각한 일이 발생할 것이라고 경고했다.

2019년 1월 라스베이거스에서 개최된 세계 최대 규모의 가전제품 박람회인 CES^{International Consumer Electronics Show}에 화웨이는 참가하지 않았다. 창업주인 런정페이는 침묵을 깨고 화웨이 배후에 중국 정부가 있다는 의혹을 공개적으로 부정했다.

그렇다면 멍완저우는 미국으로 인도될 것인가. 미국과 중국은 무역전쟁을 어떻게 끝낼 수 있을 것인가. 이 두 질문은 떼려야 뗄 수 없게 연결되어 있다.

트럼프는 왜
중국과 무역전쟁을 시작했나?

2018년 3월, 백악관.

"중국은 우리에게 5,040억 달러 규모의 무역수지 적자를 안겨주고 있다. 누구는 3,750억 달러라고도 한다. 무역수지를 바라보는 다양한 방법이 있겠지만 어떻게 보더라도 세계 역사에서 이런 대규모 무역수지 적자는 유례가 없다. 이건, 정말, 말도 안 되는 것이다. 지식재산권 intellectual property right 도둑질은 계속되고 있고 그 피해액은 수천 억 달러가 될 것이다."

2018년 3월 22일, 백악관에서 트럼프 대통령은 기염을 토했다. 그날 미국 대통령은 '중국의 경제 침략 저지를 위한 대통령 각서Presidential Memorandum Targeting China's Economic Aggression'에 서명했다. 초봄의 기운이 물씬 풍기는 백악관에서 집권 1년 2개월이 지난 트럼프 대통령은 중국을 상대로 거침없이 말을 쏟아냈다.

"중국이 우리에게 자동차 관세 25%를 매기는데, 우리는 고작 2% 자동차 관세만 매긴다면 그것은 말도 안 된다. 중국은 이런 차이를 이용해서 경제를 발전시켰다. WTO 출범 이후 우리가 중국에게 가져다준 그 엄청난 부는 미국에겐 재앙이었다. 불공정하기 이를 데가 없다. 분쟁 판정도 무척이나 불공정하다."

"지금 우리가 미국을 위해 중국과 격돌하고 있는 것은 이전 정치 지도자들이 수년 전 이미 했어야 마땅한 것들이다. 내가 대통령으로 당선된 이유 가운데 하나이기도 하다."

"여기서 핵심은 상호주의이다. 그들이 우리에게 하듯이 우리도 똑같이 해야 한다. 지난 수십 년 동안 우린 그렇게 하지 못했다."

세계 최대 경제 대국인 미국이 세계 최대 무역국인 중국을 향해 경제

침략을 선언한 것은 영화의 한 장면이 아닌, 실제 상황이다. 미국 대통령은 중국을 상대로 관세 폭탄을 투하하겠다고 선언했다. 중국의 시진핑 주석 역시, 미국에 대항해서 똑같은 사이즈의 관세 폭탄을 미국으로 쏘겠다고 맞대응했다.

미국과 소련 간의 냉전이 1990년대 초반 소련의 붕괴와 동유럽 공산 체제의 몰락으로 막을 내리고 세계가 글로벌리제이션globalization이라는 시대적 물결을 타면서 끝없는 평화와 번영의 시대가 도래할 것이라는 믿음은 끝났다. 자본주의 시장경제의 승리로 체제 경쟁이 끝났다고 말하는 '역사의 종언 end of history'은 21세기 처음 20년이 끝나기도 전에 사실이 아닌 것으로 판명이 났다. 한때 G2라고 불리며 세계 경제를 견인하고 국제 통상 체제를 책임질 것으로 기대했던 미국과 중국은 서로를 향해 관세, 비관세, 투자, 인적 교류 폭탄을 쏘아대는 경쟁국으로 변화했다.

미국과 중국의 무역전쟁은 어디까지 갈 것인가?

전쟁의 승자는 누구일까?

무역전쟁은 세계 경제를 어떻게 변화시킬 것인가?

21세기의 운명을 결정지을 이 엄청난 질문에 대답하기 위해 왜 지금 미국은 중국을 겨냥했는지에 대한 이해가 필요하다.

트럼프의 등장

2016년 미국 대선에서 도널드 트럼프가 힐러리 클린턴^{Hillary Clinton}을 누르고 당선되자 중국은 쾌재를 불렀다. 버락 오바마^{Barack Obama} 대통령 때 국무장관으로 '아시아로의 회귀^{Pivot to Asia}'와 아시아–태평양 지역 12개국 간의 자유무역협정^{FTA, Free Trade Agreement}과 환태평양경제동반자협정^{TPP, Trans Pacific Partnership}을 추진하여 중국의 아시아 지역 패권 국가 부상을 저지해온 클린턴이 당선되는 것을 중국은 두려워했던 것이다.

반면 부동산 개발업자로 시작해 사업가로서 경력을 쌓아온 트럼프와는 협상과 타협이 가능하리라는 것이 중국의 계산이었다. 트럼프가 대선 유세에서 중국을 불공정하고 속임수를 쓰는 불량 국가로 몰아붙이며 기울어진 운동장을 편평하게 하기 위해 중국산 수입품에 45% 관세를 부과하고 환율 조작국으로 지정하겠다고 외친 공약에 대해서는 그저 선거용이라고 중국은 판단했던 것이다.

2017년 트럼프는 미국 대통령으로 취임하기가 무섭게 TPP에서 미국을 탈퇴시켜버렸다. 대신 그가 공약했던 대 중국 45% 관세는 없었고, 환율 조작국 지정도 없었다. 〈뉴욕타임스^{New York Times}〉 칼럼니스트이자 퓰리처상 수상자인 토머스 프리드먼^{Thomas Friedman}이 '트럼프는 중국 간첩이 분명하다'라는 충격적인 제목의 칼럼을 썼을 정도였다.

백악관의 주인으로 입성한 첫해, 트럼프 대통령은 대선 공약과 달리 중국에게 강경한 통상 정책 카드를 꺼내 들지 않았다. 하지만 집권 2년 차인 2018년에 접어들면서 상황은 급변했다. 2018년 3월 트럼프는 중국의 경제 침략에 대항할 것을 지시했다. 7월에는 500억 달러의 중국 수입품에 25% 관세를 부과하는 조치를 단행했다. 중국도 즉시 500억 달러어치의 미국 수입품에 25% 관세 부과로 맞섰다.

중국이 맞대응하면 더 강력한 관세 폭탄을 투하하겠다고 공언했던 트럼프는 2,000억 달러의 중국 수입품에 10% 추가 관세를 지시했다. 중국공산당의 공식 여름 휴양지 베이다이허北戴河区에 모인 중국 지도자들은 '우리가 트럼프를 잘못 판단했다'라며 당혹감을 감추지 못했다.

세계 경제 규모 1, 2위 국가가 이 정도의 관세 조치를 동시에 주고받는 것은 사상 초유의 일이다. 중국의 대미 수출이 5,000억 달러 규모, 미국의 대중 수출이 1,300억 달러 규모인 점을 생각한다면 중국의 대미 수출액의 10%, 미국의 대중 수출액의 39%를 목표로 관세 핵폭탄을 서로 투하하는 것은 '무역전쟁trade war' 이외에는 달리 적절한 표현이 없다. 그렇다면 트럼프는 왜 중국을 상대로 무역전쟁을 하기로 결심했던 것일까?

2016년 미국 대선, 샌드백이 된 중국

사람들은 물어본다. 만약 트럼프가 아닌 힐러리가 미국 대통령이 되었다면 미중 무역전쟁이 터졌을까? 미국 정치 분석가들의 대답은 한결같다. 누가 대통령이 되었더라도 미국은 중국과의 일전을 결사할 수밖에 없었을 것이라고….

2016년 미국 대선에서 민주당의 힐러리 후보와 공화당의 트럼프 후보 모두, 중국과의 무역 관계에 대해서는 초강경한 입장을 내세웠다. 민주당 및 공화당 강령을 보면 하나같이 중국을 '국제 통상 질서를 위반하고 미국의 국익을 침해하는 깡패 국가, 불량 국가'로 규정하고 있다. 미국의 여야 모두 그들의 최대 무역 상대국인 중국을 불량 국가로 낙인찍는 사태가 발생했던 것이다.

당시 집권당인 민주당은 중국이 불공정 무역으로 미국과의 무역 환경을 중국에 일방적으로 유리한 '기울어진 운동장'으로 만들었다고 비난했다. '값싼 제품으로 미국 시장에 덤핑을 일삼고 국영 기업에 보조금을 주고 경쟁 우위를 확보하기 위해 통화 가치를 조작하고 미국 기업들을 차별'하는 것이 기울어진 운동장의 실체라고 민주당 강령은 주장한다.[2] '이런 상황은 중단되어야만 한다. 민주당은 중국의 책임을 묻기 위해 모든 무역 수단을 다 사용할 것이다'고 선언하기까지 했다. 힐러리를 대선 후보로 선출한 민주당은 '모든 불공정하고 불법적인 보조금을 없애는 무역 협정'을 추진하고, '자유롭고 개방된 인터넷free and open internet'을 보호하겠다는 강력한 의지를 천명했다. 그 상대는 바로 중국이다.

도전자인 공화당은 '승리하는 무역 정책a winning trade policy'으로 무역 분야 정강을 명명했다. 민주당 오바마 행정부 8년의 무역 정책이 승리하는 정책이 아니었다는 의미이다. 정계의 이단아 트럼프를 대선 후보로 선출한 공화당은 '미국을 우선에 두는 통상 협정을 체결'하겠다는 의지를 불태운다. 그 내용을 들여다보자.[3]

"외국 정부가 그들의 시장에는 미국의 진입을 제한하면서 미국의 기술, 디자인, 특허, 상표를 탈취해가는 것을 허용해서는 안 된다."

"중국이 계속해서 통화 가치를 조작하고 공공 조달에서 미국 제품을 배제하고 자국 기업에겐 보조금을 주면서 미국 기업을 몰아내는 것을 허용해서는 안 된다."

이는 중국을 향한 날 선 공격이다. 나아가 트럼프의 공화당 강령은 향후 무역정책이 어떤 방향으로 추진할지 예고하고 있다.

"현 오바마 행정부가 이런 세계 무역 체제를 위반하는 불법 행위를 다루는 방식은 자살에 가깝다. 우리 공화당은 판을 깰 각오가 있어야만 무역 협상에서 상대를 다룰 수 있고, 이길 수 있다는 것을 잘 알고 있다."

"공화당이 대선에서 승리하면 그 대통령^{트럼프}은 상대 국가에 동등함 parity을 요구할 것이다. 만약 상대가 거부하면 언제든지 보복 관세를 부과할 것이다."

"공화당은 공정함과 투명성을 중시하는 미국의 가치를 공유하는 국가들과만 통상 협상을 추진하겠다."

민주당, 공화당 모두 2016년 대선 강령은 중국을 상대로 한 무역전쟁 선포식을 방불케 했다. 2016년 미국 대선에서의 집권당과 야당 모두 '중국 때리기China Bashing'에는 마치 합의한 듯했다. 민주당은 그들의 전임 대통령인 클린턴이 중국의 WTO 가입을 후원했던 그 정당이다. 공화당은 자유무역의 수호자로 자임해 오던 정당이다. 대선에서 승리를 목표로 하는 것이 정당의 존재 이유임을 비추어볼 때 민주당과 공화당 모두 중국 때리기에 열광했다는 것은 그만큼 유권자인 미국 시민들이 중국에 화가 단단히 났다는 것을 감지했기 때문이다.

보호주의의 거센 바람

세계의 시장인 미국에서 대선에 보호주의가 등장하는 것이 이례적인 일은 아니다. 1980년대 일본이 눈부시게 부상하면서 토요타 자동차, 소니 워크맨 등 일본 제품이 미국에서 선풍적인 인기몰이를 하면서 일본의 수출이 증대하고 미국의 대일 무역수지 적자가 확대되자 '일본이 몰려온다Japan is coming', '일본이 미국을 따라잡는다Japan is overtaking the US'면서 야단법석을 떨던 그 시절에도 대선에서 '일본 때리기Japan bashing'로 표 몰이를 한 적은 없었다.

2016년 미국 대선에서 집권당인 민주당 후보, 야당인 공화당 후보 모두 보호무역주의의 깃발을 높이 든 것은 제2차 세계대전 이후 미국 정치 역사에선 처음 목격하는 장면이었다. 전통적으로 민주당은 공정 무역을, 공화당은 자유무역을 주장하면서 선명한 대비를 이루어왔기 때문이다. 1992년 대선 때 빌 클린턴Bill Clinton 민주당 후보는 북미자유무역협정NAFTA, North American Free Trade Agreement을 재협상하겠다고 했다.

2008년 대선에서 오바마 민주당 후보는 한미 FTA를 불공정하다고 비판했다. 1992년 재선을 노리던 조지 부시George Bush 대통령은 NAFTA를 지지했다. 2008년 공화당 존 매케인John McCain 후보는 한미 FTA를 한미 동맹의 상징이라면서 지지했다. 그런 공화당이 2016년 대선에서 공화당은 보호주의를 주장하는 이단아 트럼프를 그들의 대선 후보로 채택했다. 자유무역의 진원지인 공화당을 보호주의자 트럼프가 접수한 것이다.

트럼프가 공화당 대선 후보 경선에 나설 때만 해도 사람들은 그가 중도하차할 것이라고 확신했다. 트럼프의 초기 지지율은 바닥이었다. 트럼프는 억대 부동산 사업자였고 사교계엔 이미 유명^{혹은 악명이 높은}했지만, 아무런 정치 경험이 없는 그야말로 '이단아'였다. 역대 미국 대통령들은 의회 또는 주지사를 거치면서 정치에 입문하고 경력을 쌓은 사람들이었다. 이 때문에 트럼프의 대선 도전을 신선하게 바라보는 사람들도 있긴 했다.

억대 부동산 사업가로 명성을 날리던 트럼프는 2004년 NBC 리얼리티 쇼 〈어프렌티스^{The Apprentice}〉를 진행하면서 자신의 준 과업을 제대로 수행하지 못하는 출연자에게 "You are fired!^{당신은 해고야!}"란 고압적인 표현을 사용함으로써 유명세를 탔다. 워싱턴의 기성 정치에 신물이 난 유권자들에게 트럼프는 기성 정치를 청산할 수 있는 신선한 선택으로 보이기도 했다.

하지만 지난 세월 동안 트럼프의 복잡한 사생활이 뿌려놓은 먼지는 그의 대선 도전에 의해 다시 들쑤셔졌고 그의 독특한 헤어스타일은 조롱거리였다. 일부에서는 트럼프가 자신의 사업을 위한 마케팅으로 대선을 이용한다고 분석했다. 한마디로 말해 트럼프를 심각하게 생각한 사람은 없었다.

그런 트럼프가 공화당 대선 후보가 되고 모든 여론조사에서 압도적으로 우위를 달리면서 철옹성처럼 강력할 것만 같은 힐러리를 누르고 대통령에 당선되었다. 도대체 미국 정치에서 무슨 일이 벌어지고 있었단 말인가.

2016년 미국 대선 가도에서 '중국 때리기'는 갑자기 생겨난 돌출 현상이 결코 아님에 주목해야 한다. 트럼프는 미국 제조업이 몰려 있는 중서부 지역 유세에서 '중국이 미국을 겁탈하고 있다'라는 도를 넘어선 막말을 쏟아내었다. 또 다른 유세에서 그는 '세계화는 정치인들에게 정치 헌금을 갖다 바치는 금융 엘리트들만 부자로 만들었다. 세계화는 수백만 미국 노동자들에겐 빈곤과 두통거리만 가져다주었다. 수조 달러의 돈과 수백만 개의 일자리가 외국으로 빠져나갔다. 이런 재앙은 중단되어야 한다'라고 목소리를 높였다. 이쯤 되면 억만장자인 부동산 재벌 트럼프의 목소리인지 2008년 미국 월가^{Wall Street}에서 시작된 금융 위기 때 '탐욕덩어리 월가를 점령하라^{Occupy Wall Street}'던 시위대의 함성인지 구분이 되지 않는다.

트럼프는 기존의 미국 정부가 추진해왔던 대표적인 통상 정책을 모두 악으로 치부했다. 공화당 부시 대통령이 추진 및 체결하고 민주당 클린턴 대통령 때 의회를 통과시켜 발효한 미국, 캐나다, 멕시코의 NAFTA, 클린턴 행정부가 추진한 중국의 WTO 가입, 부시 대통령 때 시작하여 오바마 대통령 때 적극 추진하고 타결시킨 TPP는 트럼프에게 미국 노동자들의 일자리를 빼앗아 가는 '나쁜' 협정으로 낙인찍혔다. 그는 한미 FTA마저 한국이 무역수지 흑자를 낸다는 이유로 일자리를 도둑질하는 나쁜 협정의 반열에 올렸다.

트럼프의 머릿속에 든 공식은 간단명료했다. '무역수지 적자 = 일자리 도둑질!' 과거 행정부의 대표적인 무역 협정을 적폐로 모는 트럼프의 유세에 중서부 노동자들은 열광했다. 중국, 멕시코, 한국, 일본, 대만의 제조업과 힘든 경쟁을 벌이면서 경제적 지위가 지속적으로 침체되어 있던 그들에게 트럼프는 메시아였다. 정말 그들의 일자리를 위협하는 것은 자동화로 대표되는 기계이지 외국 노동자라는 인간이 아니라는 것이 불편한 진실이지만…. 동서고

금을 막론하고 남 탓하는 것은 정치적으로 인기가 있나 보다.[4]

공화당이 과거를 부정하는 극단적인 우파 포퓰리스트^{right wing populist} 트럼프에 의해 장악되고 있을 때 집권당인 민주당에도 거센 보호주의 바람이 불고 있었다. 유력한 대선 주자인 힐러리는 예상외로 민주당 경선 마지막 날까지 70대 고령의 버니 샌더스^{Bernie Sanders}에게 고전을 면치 못하고 있었다. 논란의 중심은 같은 당 오바마 대통령이 심혈을 기울여 추진하고 타결한 TPP였다.

미국과 일본 등 아시아-태평양 지역 12개 국가 간의 자유무역협정인 TPP는 오바마가 중국을 견제하기 위해 추진한 거대 무역 협정이다. 중국의 부상을 견제하려는 민주당이라면 당연히 찬성하고 지지해야 마땅한 것 아닌가. 오바마가 TPP를 추진하는 과정에서 다수의 민주당 의원들은 반대했다.

그가 TPP를 추진할 수 있었던 이유는 자유무역을 지지하는 절대 다수의 공화당 의원들 때문에 가능했다.[5] 그런데 이 무슨 운명의 장난인가. 오바마는 8년 임기 내내 끌어오던 TPP 협상을 2015년 10월 극적으로 타결시켰지만 미국 의회 비준이란 고비를 앞두고 2016년 임기 마지막 해를 맞이했다. 이미 미국은 대선 열기로 가득했고 그의 레임덕^{lame duck}은 시작되었다. 자신의 당에서조차 강력한 지지를 받지 못하는 거대 무역 협정인 TPP가 그 민감한 정치의 계절에 처리될 수가 있겠는가. 이 과정에서 불똥이 튄 사람은 힐러리였다.

그는 오바마 정부의 초대 국무장관이었다. 오바마 정부는 중국을 견제하는 '아시아로의 회귀'를 대외 정책의 핵심으로 내걸었고 TPP를 핵심 전략으로 추진했다. 국무장관인 그녀는 TPP를 적극 지지했다. 국무장관 힐러리는 TPP가 '아시아로의 회귀'의 핵심이라 역설했고 TPP를 '무역 협정의 완벽한 모델gold standard'이라고 높이 평가했다. 이후 국무장관에서 퇴임한 힐러리는 자서전에서 'TPP는 완벽한 협정은 아니지만 발효되고 이행된다면 미국 기업과 노동자들에게 도움을 주는 높은 수준의 협정'이라고 기술했다.[6]

이러던 힐러리는 대선 후보 경쟁이 시작되면서 말을 바꾸기 시작한다. 2015년 10월 TPP 타결 직후, 'TPP는 내가 세웠던 높은 기준을 충족시키지 않는다'라고 한발 물러섰다. 대선 경쟁이 과열되자 자서전의 문고본을 출판하면서 TPP 관련 부분을 모두 삭제했다. 경선에서 이길 가능성이 거의 없었음에도 불구하고 버니 샌더스는 힐러리 클린턴이 TPP에 대해 부정적인 입장을 취하도록 압박하기 위해 끝까지 후보직을 사퇴하지 않았다. 궁지에 몰린 힐러리 클린턴은 TPP에 대한 긍정적인 입장을 거두고 비판적인 입장으로 전환해야 했다. 힐러리의 변신은 미국 정치의 바닥 인심을 적나라하게 보여주었다.

2016년 미국 대선 과정을 지배한 트럼프의 확신에 찬 보호주의, 힐러리 클린턴의 기회주의적인 태도 표변, 버니 샌더스의 집요함은 모두 미국 경제의 분배 상황과 깊숙이 연계되어 있다. 1970년대 이후, 미국의 실질 소득 중간값과 하위 90%의 과세 대상 실질 소득은 전혀 증가하지 않았다. 상위 10%와 나머지 90% 간에는 거대한 간격이 생겼다. 하위 90%의 평균 실질

소득은 1972년에 비해 2013년에 더 낮아졌다. 40년간 하위 90%의 삶은 후퇴한 것이다.

그들의 분노와 좌절이 트럼프라는 우파 포퓰리스트, 샌더스라는 좌파 포퓰리스트를 통해 분출되었다. 그들의 불행이 잘못된 무역 정책, 잘못된 이민 정책 때문이라는 트럼프의 연설에 미국 중서부 지역 백인 노동자들은 환호했다. 기득권을 옹호하는 워싱턴의 기성 정치를 뒤엎어야 한다는 샌더스의 연설 역시 미국의 젊은 지식인들을 열광시켰다.

'1%만의 세계화'에 뿔난 유권자

세계화에 대해 많이 통용되는 비유가 있다.

'밀려오는 파도는 모든 배를 띄운다A Rising Tide Lifts All Boats.'

주류 경제학이 자유무역을 옹호하는 것은 상호 호혜적 거래 관계가 성립할 수 있기 때문이다. '자유무역이 win-win'이라는 명제는 무역을 하는 두 국가의 무역 이전과 이후, 두 가지 상황을 비교 분석하여 증명된다. 경제 전체가 누리는 효용이 무역 이후가 이전보다 더 크다는 것을 증명하면 된다.

대학 강의실에는 해마다 학생들 앞에 그 사실을 입증하는 그래프가 펼쳐진다. 물론, 한 사회 내에 승자와 패자는 있을 것이다. 내수 산업 종사자들은 외국 수입 상품과의 경쟁으로 어려워질 수 있다. 하지만 시장은 그 충격을 생산적인 에너지로 변화시킬 수 있다. 경쟁력이 떨어지는 산업에 몰려 있는 노동력과 자본은 시장 메커니즘의 보이지 않는 손을 통해서 다른 산업 분야에 투입될 것이다.

정부는 초기 충격을 흡수하고 직업 훈련 프로그램 등을 통해 자원의 재분배 과정을 용이하게 할 것이다. 이런 것까지 고려해 전체적으로 보았을 때 자유무역으로 얻는 것이 그 손해보다 크다는 사실을 믿는다는 것은 경제학도에겐 사도신경 같은 것이다. 이러한 믿음은 보호주의에 대한 최대의 방어였다. 하지만 2016년에는 달랐다. 과거와 달리 TPP에 대한 학계의 지지는 줄어들고 있었다. 세계화에 대한 지지는 확연히 후퇴했다. 1993년 미국 의회에서 NAFTA 비준은 보호주의자들과 세계화주의자들 간의 전투였다. '미국에서 멕시코로 일자리가 대거 유출된다'는 보호주의자들의 주장에 대해 세계화주의자들은 '더 많은, 더 양질의 일자리가 미국에 생길 것'이라고 반박했다.

그때에는 주류 경제학자들이 NAFTA로 인해 미국 내에 더 많은 일자리가 생길 것이라는 주장을 지지했다. 하지만 시간이 지남에 따라 그러한 지지는 약해졌다. 무역으로 인해 일자리가 대량으로 유출되면서 더 좋은 일자리로 대체되지 않는 경우가 많다는 연구들이 속속 등장하고 있다. 나아가 무역이 불평등을 심화하는 데 일조했다는 주장마저 힘을 얻고 있다.

세계은행The World Bank의 컨설턴트인 크리스토프 래크너Christoph Lakner와 룩셈부르크 소득연구센터의 선임 학자인 브랑코 밀라노비치Branko Milanovic가 2013년 세계은행에 실은 논문을 보면, 1988년부터 2008년까지 세계 소득 분배에 기반해 선진국의 중층 및 하층은 무역의 '패자'이며 상대적으로 개발도상국인 아시아 국가들의 중층 및 상층과 세계 극상위 1%만이 세계화의 '승자'라고 표현했다. 더불어 2016년 언론의 주목을 받았던 그래프인 '코끼리 곡선Elephant Curve'은 앞서 언급한 밀라노비치가 만들었는데 이 곡선이 그러한 양상을 띠고 있다고 말한다. 코끼리 곡선은 미국의 경우 '밀려오는 파도가 고급 요트만을 밀어 올린다'는 우스갯소리를 증명하는 것으로 활용된다.

어떤 평론가들은 코끼리 곡선이 개발도상국의 경제 성장이 선진국의 서민층을 제물 삼아 이루어졌다는 것을 보여주는 증거로 해석한다. 이 해석은 가난한 개발도상국과의 무역이 미국 서민층에게 나쁜 영향을 준다는 견해를 널리 퍼뜨렸다. 2016년 대선에서 그 표적은 중국이었다.

차이나 쇼크

무역이 선진국 제조업의 일자리 감소나 소득 불균형의 주요 원인이 아니라는 것은 경제학계의 공통된 견해였다. 이 견해를 뒷받침하는 논리는 경쟁력이 떨어지는 분야에 투입된 노동력은 다른 분야로 재분배될 수 있으며, 무역으로부터 얻는 효용을 모두 더하면 단기든 장기든 플러스일 것이라는 데 있었다. 중국의 급속한 부상은 이러한 기존 생각들에 의문을 던졌다.

지난 15년간의 통계, 보고서, 논문들은 중국으로부터의 수입이 미국 시장에 예상보다 큰 악영향을 주었다는 것을 밝혀내고 있다. 무역으로 인한 일자리 감소는 예상보다 오래 지속되었으며, 양극화도 무시할 수 없는 수준으로 나타났다. 시장의 조정 기능은 경제학자들이 예상한 것만큼 효과적으로 작동하지 못했다. 미국은 1970년대 일본의 급속한 부상에 따른 도전에 직면했지만 결국 극복했다.

하지만 중국의 부상은 다른 양상을 보여주고 있음에 경제학계는 주목하고 있다. '그 어떤 국가도 중국만큼 풍부한 노동 인구에, 저임금에, 정부의 전방위적인 지원에, 평가절하된 통화에, 생산성을 겸비한 적이 없었다'라는 어느 언론의 평가는 미국이 당면한 '차이나 쇼크China Shock'를 적나라하게 표현하고 있다.[7]

1979년에서 2016년 동안 미 제조업계의 일자리는 1,900만 개에서 1,200만 개로 줄었다. 제조업 일자리는 2000년경 1,800만 개 정도에 머물고 있었는데 2001년부터 급감하기 시작했다. 2000년부터 2010년까지 560만 개의 일자리가 사라졌다. 이는 미국 제조업 고용 역사에서 가장 큰 감소이다.

또한 중국산 수입품이 급증하면서 2001년 미국 제조업 고용이 급감했다. 정치권 활동가들은 무역을 이면의 원인으로 지목한다. 학계에서는 무역이 고용에 미치는 영향에 대한 관심이 늘고 있다. 2013년 MIT 경제학자 데이비드 오터David Autor 외 데이비드 돈David Dorn, 고든 핸슨Gordon Hanson이 발표한 논문인 〈차이나 신드롬: 수입 경쟁이 미국 노동시장에 미친 영향The China Syndrome: Local Labor Market Effects of Import Competition in the United States〉은 1990년부터 2007년까지 진행된 미국 제조업계 고용 감소의 4분의 1이 중국산 수입품으로 인한 것이라고 추산했다.

2014년 미 연방준비제도이사회의 연구원인 저스틴 피어스Justin Pierce와 예일대 교수인 피터 쇼트Peter Schott가 발표한 논문 〈미 제조업의 대단히 빠른 고용 감소세The Surprisingly Swift Decline of U.S. Manufacturing Employment〉에는 2001년부터 계속되어 온 미국 제조업계의 내리막이 미국이 중국에게 PNTRPermanent Normal Trade Relations, 미국으로부터 부여받는 항구적 최혜국 대우 자격을 인정함으로써 다른 WTO 가입국과 마찬가지로 MFNMost Favored Nation treatment, 최혜국 대우을 부여하기로 한 결정 때문이라고 주장한다.

미 제조업의 일자리 감소를 무역보다 기술에 그 원인을 찾는 연구도 많다. 예를 들어 볼주립대Ball State University 경제리서치센터의 마이클 힉스Michael Hicks와 스리칸트 데바라지Srikant Devaraj가 2015년 발표한 논문 〈미 제조업의 신화와 현실The Myth and the Reality of Manufacturing in America〉에는 2000~2010년 사이 일어난 미국 제조업의 고용 감소가 무역보다 기술 변화로 인한 영향이 더 크다고 분석되어 있다.

그들의 분석에 따르면 이 기간 동안 고용 감소에는 기술 요인이 85%, 무역 요인이 13.4% 작용했다. 2000년 수준의 생산성을 유지하면서 2010년 수준의 생산량을 생산하려면 2,090만 명의 노동자가 필요했을 것이라 추정하기도 했다. 실제로는 2010년 생산량을 감당하는 데 1,210만 명만으로 충분했다. 기술 변화로 인한 생산성 증대 때문에 880만 명의 노동자를 줄일 수 있었다.

하지만 거시적인 면만을 바라보는 것은 초점을 흐릴 수 있다. 마이클 힉스와 스리칸트 데바라지의 추산에 따르면 중국과 같은 개발도상국으로부터의 수입 상품과 경쟁하는 분야에서는 무역이 고용 감소에 큰 역할을 했다는 것이다. 가구와 의류 분야에서는 무역 요인이 고용 감소의 40% 이상을 차지했다.

이 분야의 노동자들은 수출 분야 노동자들에 비해 현저히 낮은 임금을 받는다. 2012년 모든 생산직의 평균 노동 생산성은 14만 9,299달러였는데 이는 의류 및 피혁 상품 생산직의 4만 5,930달러에서부터 정유 및 석탄 제품 생산직의 73만 3,861달러까지 넓게 분포된 생산성의 평균이다.

값싼 수입품은 많은 미국 제조업체의 생존을 위협했다. 특히 중서부 러스트벨트rust belt, 미국 중서부의 쇠락한 공업지역와 남부에서 충격이 컸다. 이 지역들에서 보호주의가 목소리를 높여가는 것은 전혀 놀라운 일이 아니다. 걱정스러운 것은 이 분야의 노동자들이 악순환에 빠져들고 있다는 것이다.

직장을 잃으면 동일한 분야의 비슷한 일자리를 얻고, 또 얼마 지나지 않아 직장을 잃고, 또다시 비슷한 분야에서 일자리를 찾아다닌다. 이것은 그들이 다른 분야에서 일자리를 찾기에는 제대로 된 기술 또는 훈련을 충분히 받지 못했기 때문이다. 통계를 보면 '학력 프리미엄^{교육 수준에 따른 임금} 차이'이 얼마나 증가했는지를 확인할 수 있다. 1979년에는 30%가량이었는 데 2000년에는 거의 50%로 증가했다.

2014년 데이비드 오터 박사는 교육 수준에 따른 실질 주급의 변화를 추적해 석사 학위 이상을 가진 노동자는 '190'으로 증가했으며 학사 학위를 가진 노동자는 '140'으로 증가했지만 다른 노동자들의 경우 '100~110' 사이에서 정체되어있었음을 밝혔다.

2016년 미 대선에서 미국은 세계화의 최선두에 서 있던 미국이 아니었다. 제2차 세계대전이 끝나고 세계 경제의 안정과 번영을 위해 규범에 기초한 자유무역 체제를 설계하고 확장해온 그러한 미국이 보이지 않았던 것이다. 더 이상 세계화를 주도하는 것이 미국에 도움이 되지 않는다는 정치인들의 모습은 생경하기 이를 데 없다. 미국은 더 이상 다른 어떤 국가도 넘볼 수 없는 절대적인 힘을 가진 그런 미국이 아니기 때문이다.

복음인 줄 알았던 세계화는 잘나가는 극소수 계층의 지갑만 두둑하게 만들었고, 자유무역은 한때 세계를 호령했던 미국의 전통적인 중서부 공업 지대를 유령 도시로 만들었다는 비난에 미 기득권은 제대로 된 대답을 내놓지 못했다. 세계화, 자유무역의 근본적 결함이라기보다 부작용을 최소화하는 정책의 실패이지만 그러한 실패는 정치 제제의 산물이기도 했다.

그래서 정치는 늘 손쉬운 방식을 채택하는 것에 익숙하다. 바로 '남 탓하기!' 그 대상은 바로 중국이었다. 미 대선에서 무역이 핵심 쟁점으로 부상한 것은 사상 초유의 일이거니와 보호 무역을 외치고 기존 모든 무역 정책을 적폐로 모는 후보를 대통령으로 선출한 것은 미국이 지금까지의 세계화에서 퇴장하려는 신호로 봐야 할 것이다.

규범 중심의 자유무역 체제는 이미 무너지기 시작했다. 그러한 자유무역 체제의 최대 수혜자인 중국, 그 중국을 자유무역 체제에 끌어들인 미국. 이 둘은 이제 서로 다른 길을 가기로 결심했던 것이다.

중국의 WTO 가입은
미국의 실수?

스티브 잡스$^{Steve\ Jobs}$가 인류에게 건넨 최대의 선물인 아이폰^{iPhone}. 애플^{Apple}의 아이폰은 중국에서 조립되고 미국으로 수출된다. 미 관세청은 중국에서 수입되는 아이폰에 관세를 부과할 수 있다. 하지만 WTO 회원국인 중국은 미국으로부터 최혜국대우^{MFN} 원칙을 적용받아 왔다. 미국은 중국으로부터 수입하는 상품에 대해 다른 WTO 국가로부터 수입하는 동일한 상품에 부과되는 관세보다 높은 관세를 책정할 수 없다. 더 높은 관세를 부과한다면 최혜국대우 원칙에 정면으로 위배되기 때문이다. 미국과 다른 WTO 회원국들이 스마트폰을 포함한 IT 제품에 대한 관세 철폐에 합의했기 때문에 중국에서 조립된 아이폰은 미국에 무관세로 수출

될 수 있다.

그런데 만약 중국이 WTO 가입국이 아니라면 아이폰은 어떻게 될까? 애플은 아이폰을 중국에서 계속 조립하고자 할까? 상식적인 CEO라면 비용과 편익을 비교하려 할 것이다. 물론 중국에서 아이폰을 조립하는 것의 비용과 편익이 비교 대상이 될 것이다.

중국이 WTO 가입국이 아니라면 미국은 중국 수입품에 대해 MFN 대우를 해서 무관세 혜택을 줄 아무런 이유가 없다. 중국에서 조립하는 비용은 미국의 스마트폰에 대한 수입 관세에 따라 달라질 것이다. 미국의 수입 관세가 높을수록 중국에 공장을 유지하는 데 대한 비용은 커진다. 관세 수준이 상당하기에 애플은 아이폰의 최종 조립 공정을 다른 국가로 옮길 수도 있다.

어느 국가가 그 후보군에 들까. 당연히 미국이 무관세 혜택을 주는 WTO 회원국일 것이다. 풍부한 저임금의 젊은 노동력으로 제조업의 생산 기지화 전략을 추진하고 있는 베트남도 그 중 하나일 수 있다. 방대한 인구를 가지고 제조업 강국의 꿈을 꾸는 인도도 생각해볼 수 있다.

중국이 WTO 가입국이 아닌 상황을 가정해본 사고 실험은 중국이 WTO 회원국인 것이 얼마나 대단한지를 보여준다. MFN 대우가 주는 이득뿐만 아니라 예측 가능성이라는 측면도 중요하다. 중국이 WTO 체제 밖에 있다면 무역 환경에 불확실성과 위험이 클 것이다. 미국을 포함한 중국의 무역 상대국들은 중국 물품에 높은 관세를 물릴 수도 있을 것이다. 이러한

관세는 몇 배로 뛰며 높은 수준에 이를 수도 있다물론 중국은 관세를 부과하거나

다른 비관세 장벽을 이용하여 보복할 것이다.

이러한 불확실성은 상식적인 경영자라면 최대한 피하고 싶어 할 리스크이다. 비용에 민감한 CEO는 중국이 WTO 회원국이 아니라면 중국에 주요 조립 공정을 설치하지 않으려 할 것이다. WTO 가입국 자격이 없다면 차별과 불확실성은 불 보듯 뻔하기 때문이다. 결국 WTO에 가입함으로써 중국은 그 부정적인 요소들을 제거해 무역의 바다를 순조롭게 항해할 수 있게 되었다.

만약 중국이 WTO 미가입국이라면 아이폰 제조가 어떻게 될 것인지에 대한 분석이 제시하듯 조립 기지 유치에는 수요 측면이 중요할 것이다. 중국이 제조 공정을 얼마나 효율적으로 운영하든 간에 세계에서 가장 큰 소비 시장인 미국에 대한 시장 접근이 불리하고 예측 불가했다면 '세계의 공장'으로서의 중국이 가능했을까?

미국의 결심이 없었다면 중국이 세계 무역 체제에 편입될 수 없었을 것이고, 중국이 세계의 공장World Factory으로 자리매김하는 거대한 제조업 국가로의 전환도 불가능했을 것이다. 아무리 싸고 좋은 물건을 만들어내어도 내다 팔 시장이 없으면 그 제품을 만들어낸 노동자의 임금 지불도 어렵고 공장을 확장하는 것은 더구나 어려울 것이다. 물론 수요가 불확실한데 투자가 이루어지긴 어려운 법이다.

근대 경제학의 창시자로 추앙받는 애덤 스미스Adam Smith가 1776년에

발간한 《국부론The wealth of Nations》에서 '시장의 규모는 수요에 따라 정해진다Division of labor is limited by the extent of market'라고 한 통찰은 21세기인 지금도 유효하다. 이런 관점에서 보면 미국은 중국의 경제 기적 역사의 공동 저자라 해도 그리 과장된 표현이 아니다.

중국의 WTO 가입: 15년의 대장정

2001년 12월 10일, 카타르 도하, WTO 각료회의장. 중국의 WTO 가입이 확정되었다. 15년의 길고 긴 협상 끝에 중국이 드디어 WTO에 가입한 것이다. 1978년 개혁개방으로 선회한 후 세계와의 무역으로 중국 인민을 빈곤에서 탈출시키는 데 성공한 중국으로서는 감격스러운 순간이 아닐 수 없었다.

"15년은 긴 시간이었다. 만약 중국이 수월하게 가입했더라면 지금과 같은 시장화와 현대화는 이루지 못했을 것이다. WTO 가입은 동전의 양면과 같다. 이제는 성장 엔진을 유지한 채 중국의 경제 체제를 글로벌 스탠더드에 맞추는 것이 시급하다."

감회에 젖은 스광성石廣生 중국 대외무역경제합작부장의 소회는 중국의 WTO 가입과정의 어려움을 토로하면서 중국이 풀어야 하는 숙제가 무엇인

지도 보여주었다. 중국인이 꼽은 중국 현대사의 가장 중요한 사건은 당연히 중화인민공화국의 수립이다. 그렇다면 두 번째로 중요한 사건은 무엇일까? 바로 중국의 WTO 가입이다. 정말 놀랍지 않은가.

문화혁명이나 천안문사건보다 WTO 가입을 더 중요하게 생각한다는 것이 의외이지만 이것은 중국을 이해하는 열쇠이기도 하다.[8] 1950년대 후반 대약진 운동의 참담한 실패와 1960년대 중반 문화혁명을 거치면서 파탄 직전에 이른 경제를 1970년대 말 개혁개방으로 방향을 급선회하여 도시화 추진, 제조업 부흥으로 경제를 회생시키는 과정에서 결정적인 역할을 한 것은 바로 외국인 투자와 외국 시장이었다. 외국인 투자가 있었기에 산업화를 추진할 수 있는 공장 건설이 가능했고, 외국 시장이 있었기에 그 공장에서 생산한 제품을 수출할 수 있었다. 문제는 중국 제품을 수입하는 국가들이 관세를 매기는데 그 관세가 중국 제품과 경쟁하는 다른 국가 제품의 관세보다 높다는 것이었다. 공산주의 중국과 외교 관계를 수립하지 않은 국가들에게 이것은 너무나 자연스러운 것이었다.

중국이 세계 시장에 자신의 상품을 분주히 실어 나르던 20세기 후반, 그때를 지배하던 국제 무역 시스템은 GATT General Agreement on Tariffs and Trade, 관세 및 무역에 관한 일반 협정 체제였다. GATT 체제의 핵심은 회원들 간 무역 거래에 적용되는 최혜국 대우 원칙이다. 최혜국 대우는 상품을 수입할 때 모든 회원국에 똑같은 관세를 적용한다는 것이다.

예를 들어 미국이 야구공을 수입하는데 일본산 야구공에 10% 관세를 매긴다면 한국산 야구공에도 10% 관세를 매긴다는 것을 의미한다. 중국은 GATT 회원국이 아니기 때문에 미국은 50%를 매길 수도 있고, 100%를 매길 수도 있고, 미국과 정치 체제가 다르기 때문에 아예 중국으로부터 야구공 수입을 금지할 수도 있다. 야구공뿐만 아니라 모든 중국산 상품의 수입을 금지할 수도 있다. 미국이 중국산 상품을 얼마나 수입할지, 수입을 허용한 상품마다 얼마의 관세를 물릴지는 수입하는 미국 마음이다. 그러니 세계에서 가장 큰 미국 시장을 중국이 외면하고 무역을 통한 경제 성장을 추구할 수는 없는 노릇이 아닌가. 미국의 지렛대는 세계 최대의 소비 시장이다.

미국은 왜 중국을 WTO에?

중국의 WTO 가입은 미국 없이는 불가능한 일이었다. WTO는 1995년 출범했지만 그 모태는 1948년 시작된 GATT였다. 미국은 GATT, WTO 비전의 설계자이자 최대 주주였다. GATT와 WTO는 규범에 기반을 둔 자유무역 체제가 세상을 얼마나 바꾸는지를 보여주었다. 1930년대를 휩쓴 선진국들의 경쟁적인 무역 담벽 쌓기보호주의는 대공황의 원인이자 대공황을 고통스럽고도 길게 만들었던 원흉으로 지목된다.

대공황으로 인한 심각한 경제 붕괴로 제1차 세계대전의 전쟁 보상을 하기 어렵게 된 독일은 극우 파시스트인 아돌프 히틀러Adolf Hitler가 권력을 장악하고 그는 흉흉한 민심을 돌리기 위해 침략 전쟁을 택하게 된다. 히틀러의 몰락으로 세계대전은 끝났지만 유럽은 파괴되었고 높아진 무역 장벽은 그대로였다.

세계 경제를 파괴와 불안에서 회복하기 위해 무엇보다 비극의 원인을 제공한 높은 무역 장벽을 제거해야 한다고 전승국이자 세계 최대 경제 대국인 미국은 결심한다. 미국의 비전에 의기투합한 23개 국가들이 향후 세계 무역의 기본 틀이 될 규범 중 관세를 얼마나 인하할지를 협상하여 1947년 10월 스위스 제네바에서 서명한 것이 GATT였던 것이다. GATT는 다음해인 1948년 그 효력을 발휘하게 된다.

시작은 미약했고 현실은 척박했지만 GATT는 20세기 후반 희망의 역사를 써 내려갔다. 두 차례의 대규모 전쟁을 겪고 절망에 빠진 인류에 희망의 비전을 보여주었던 것이다. 세월을 거치면서 더 많은 국가가 GATT에 가입하게 되고 그들 간의 무역 협상을 통해 지속적으로 관세는 인하되었다. 지속적인 무역 장벽 완화에 힘입어 20세기 후반 세계 경제는 전쟁의 파괴에서 회복되고 더 많은 빈곤국이 무역을 통한 경제 성장의 계기를 잡게 되었다.

그 최대 수혜자 중 하나가 대한민국이다. 1986년 출범한 우루과이라운드 Uruguay Round는 GATT 사상 처음으로 농업, 제조업 등 이른바 무역 협정에서 '상품' 이외에 서비스 및 지식재산권에까지 무역 규범을 확장하고 이런 확대된 무역 규범과 회원국 간의 다툼을 해결하는 절차까지 만들어 이를 관장하는 WTO를 탄생시키게 된 것이다.

미국은 GATT 체제의 설계자였고 지속적인 무역 자유화 협상을 주도했다. 서비스와 지식재산권이 세계 무역의 틀 속으로 들어와야 한다고 주장해왔고 그 뜻을 관철시켰다. 그 과정은 협상을 통한 것이기에 미국의 본래 의도가 100% 관철된 것은 아니었지만 1국 1표 주의를 채택하여 대부분 결정을 표결로 진행하는 다른 국제기구와 달리 GATT/WTO 체제는 처음부터 지금까지 'consensus'라는 의사 결정 방식을 고수해오고 있다. consensus의 사전적인 의미는 '합의'로 번역되지만 GATT/WTO에서는 그런 사전적인 해석만으로 이해할 수 없다. 이는 특정한 주요국이 끝까지 결사반대하지 않는 상황을 의미한다. 그 국가는 바로 미국을 빼곤 상상할 수 없다.

중국은 왜 WTO에?[9]

타이베이의 중화민국을 버리고 베이징의 중화인민공화국을 정식 외교 파트너로 선택한 리처드 닉슨 대통령 이후 미국으로의 수출길이 열리긴 했으나 관세에 관한 결정은 오롯이 미국이 쥐고 있었다. 미국은 중국과 1979년 정식 수교한 이후 GATT에 가입하지 않는 중국에게 GATT 회원국에게만 적용하는 최혜국 대우를 준용하는 결정을 하면서 매년 갱신 여부를 심사했다. 찬밥, 더운밥 따질 처지가 아니었던 중국은 이 마저 감지덕지로 받아들였지만 중국의 눈부신 성장이 계속되면서 미국의 이런 국내 정치적인 절차는 중국에게 귀찮은 존재이자 자존심을 손상시키는 존재로 바뀌게 된다.

1989년 천안문광장 민주화 시위를 중국 정부가 무력으로 진압하면서 미중 관계가 급냉각되고 미국 내에서 중국의 인권 문제에 대한 강력한 압박이 제기되면서 미국 정부는 중국을 다른 GATT 회원국과 동등하게 취급할지 여부를 매년 의회에서 심사하게 된다. 매년 중국에게 최혜국 대우를 갱신할 때마다 중국의 인권 상황 개선이 뜨거운 감자가 되었다.

중국은 내정 간섭이라고 강력하게 반발하면서 미중 관계는 갈등 국면으로 치달았다. 매년 봄 미국 수도 워싱턴의 벚꽃이 화려하게 물들 때마다 최혜국 대우와 인권 개선을 연계해야 한다는 인권 단체와 무역 관계가 지나치게 정치화라는 것을 원치 않는 중국과 거래 관계에 있는 기업들 간의 난타전이 벌어졌다.

베이징으로서는 워싱턴의 이러한 야단법석이 결코 반가울 리 없었다. 매년 자신의 인권 상황이 세계인의 주목을 받게 되는 상황을 베이징은 피하고 싶었다. 중국이 이런 골칫거리를 근본적으로 해결하는 해법은 GATT 가입이었다. 중국은 1980년대부터 GATT 가입 의사를 본격화하기 시작했다. 중국이 GATT에 가입하기 위해서는 모든 회원국과 가입 협상을 해서 그들의 동의를 받아내야 했다. 이는 가입을 희망하는 모든 국가들에게 똑같이 적용되는 절차였다.

협상의 핵심은 중국의 수입 관세를 낮추는 것이었다. 회원국마다 중국으로 수출할 수 있는 주력 제품이 다르기 때문에 그들은 관심 품목의 관세를 낮게 설정하려고 할 것이었다. 만약 GATT 회원국인 브라질이 새로 가입을 희망하는 중국과 협상을 하는 경우, 브라질은 자신의 관심 품목인 커피의 관세를 낮추려는 협상을 할 것이다. 중국이 브라질에 커피 수입 관세를 8%로 약속하면 이는 콜롬비아에도 똑같이 적용된다. 최혜국 대우 원칙 때문이다.

그렇다면 중국과의 GATT 가입 협상에 가장 이해관계가 많이 걸려 있는 국가는 어디일까. 중국과 무역이 많은 나라, 중국으로부터 가장 많은 제품을 수입 및 수출을 하는 나라일 것이다. 바로 미국이다.

미국의 '중국 포용' 구상

GATT 체제 설계자인 동시에, 20세기 동서 냉전의 한 축으로, 무역을 통한 경제 발전 구상으로 자유 진영 국가들을 결속하는 리더였던 미국은 중국을 자신이 설계한 국제 무역 체제 안으로 끌어들이는 결단을 내리긴 했지만 체제 가입비를 얼마나 받아낼지는 또 다른 차원의 숙제였다. 중국 공산당이 이끄는 공산주의 경제를 시장경제 국가들 간의 무역 체제에 수용하면 중국 체제에 시장 제도가 이식되리라는 희망은 있었지만 그 희망이 실현되기까지는 상당한 세월이 흐른다고 판단했다. 중국의 WTO 가입이 곧 중국의 시장경제화라고 생각하는 사람은 아무도 없었다. 중국이 WTO에 가입한 후에도 중국의 지속적인 개방과 개혁을 추진하리라는 확증은 어디에도 없었다.

그래서 중국의 WTO 가입 협상에서 중국으로부터 더 많은 개방 약속과 개혁 다짐을 받아내고, 이를 명문화하고, 구체적인 시간 일정을 못 박는 일이 중요했다. 일단 WTO 체제 안으로 들어오면 중국이 약속을 위반해도 이를 시정하는 것이 그리 쉽지는 않다는 것을 미국도 잘 알고 있었다.

국제기구에서 회원국 간 분쟁 해결은 으레 시간이 걸리고 명쾌하게 매듭짓지도 못해 왔다. 나름 효과성을 갖춘 WTO라 해서 그리 다르진 않았다. 때문에 가급적이면 미래의 약속보다 지금 당장의 개방이 중요했다. 미국의 관점에서는…. 미래의 희미한 어음보다 당장 확실한 현찰이 더 쓸모가 있는 법이었던 것이다. 어음이 효과가 있으려면 어음 발행인이 신뢰를 주어야 하고, 문제가 생기면 그 어음의 효력을 입증해줄 사법기관이 믿을 만해야 한다. 상대는 중국이고 사법기관은 WTO이다.

중국은 믿고 싶은 상대이지만 신뢰는 '진실의 순간'이 오기 전까지 알 수 없다. WTO는 국내 사법 기관이 아니라 국제기구이다. 즉 집행력과 강제력이 상대적으로 미약하다는 의미이다. 중국을 WTO 체제에 포용하려는 미국의 전략적 결단에도 불구하고 거기까지 가는 길은 가시밭투성이였다. 미국은 중국에게 더 많은 개방을 요구하고, 이제 막 개방의 길로 선회한 중국은 일단 국제 통상 체제에 대한 학습부터 해야 하는 형편이었다.

중국의 제2의 대장정[10]

제2차 세계대전이 끝난 직후 미국이 주도해서 만들었던 GATT 체제에 대한 학습은 GATT 체제의 핵심인 최혜국 대우에 대한 이해뿐만 아니라 일단 관세를 물고 수입된 외국 제품에 대해서 국내산과 동등한 대우를 해야 한다는 내국민 대우National Treatment에 대한 이해와 더불어 관세 체계를 어떻게 유지하고 관리해야 하는지, 외국 제품에 대한 통관 절차는 어떤 원칙 아래 운용되어야 하는지, 국영 기업이나 민간 기업에 대한 각종 보조금은 어떤 것은 허용되고 어떤 것은 금지되어 있는지, 허용되는 경우에는 어느 정도까지 허용되는지, 만약 다른 주권 국가가 중국의 보조금을 문제 삼아 분쟁을 제기하는 경우 중국 정부의 보조금이 GATT 체제와 일치하는 것임을 증명하기 위해서는 어떤 준비를 미리 해두어야 하는지, 중국 제품을 외국 시장에서 싸게 파는 경우 외국 정부가 중국에 너무 싸게 판다고 시비를 걸어오는 경우 그 분쟁은 어떤 방식으로 진행되고 어떤 기준을 가지고 해결되는지 등 1948년 GATT 체제가 탄생한 이후 40여 년 가까이 중국과는 무관하게 전개되고 진화되어온 국제 통상 체제에 대한 심도 깊은 이해를 요구하는 것이었다.

GATT 가입 협상을 위해 중국은 GATT 체제에 대해 학습하면서 협상 준비를 해야 했다. 공산주의 경제 체제였기에 제대로 된 관세 체제를 갖추고 있지 못했던 중국으로서는 품목 분류 체계부터 시작해야 했다. 그 다음

품목별 수입 관세를 정해야 했고 이 관세는 모든 GATT 회원국에 비차별적으로 동일하게 적용된다는 최혜국 대우 원칙을 몇 번이고 곱씹어야 했다.

지금까지 그래왔듯 중국공산당 입맛대로 중국과 우호적인 국가엔 낮은 관세를, 중국과 사이가 좋지 않은 국가에겐 높은 관세를 적용할 수 없다는 것을 인식해야 했던 것이다. 이렇게 중국이 내부적으로 정한 관세는 GATT 회원국들과의 가입 협상을 거쳐 다시 수정될 운명이었다. 중국 사업가들이 저렴하고 방대한 노동력을 무기로 외국 자본 및 원자재와 소재를 활용하여 세계 시장으로 'Made in China'를 분주하게 실어내기에 바쁠 때 중국 관리들은 외국 정부가 쏟아내는 불법 보조금으로 인한 상계 관세, 반덤핑 조사, 긴급 세이프가드 등 그동안 미국이 주도해서 만들어낸 GATT 시스템을 학습하고 이해하고 대응하기에 분주했다.

중국의 GATT 가입이 확정된 것은 2001년 12월이었다. GATT에 가입 신청서를 제출한 1986년 10월부터 무려 15년의 세월이 지난 후였다. 중국이 애초 목표로 삼았던 것은 1986년 출범한 우루과이라운드가 종료될 때까지 가입 협상을 마무리 짓는 것이었지만 그 의도는 달성되지 못했다. 사실 중국은 1947년 GATT가 태동할 때 서명한 최초 23개국 중 하나였다. 이때 협상에 참여한 중국은 장제스蔣介石의 국민당 정부였는데 1949년 중국공산당이 중국을 통일하고 국민당이 대만으로 패주하면서 국민당의 중국은 1950년 GATT에서 탈퇴를 선언했고 중국은 GATT 체제 바깥에 머물게 된 것이다. 이 때문에 중국은 GATT 출범 때 최초 회원국이었듯이

WTO 출범 때 회원국으로 참여하기를 강력히 희망했지만 현실은 그와 거리가 멀었다.

우루과이라운드가 타결되고 그 결과 1995년 1월 WTO가 출범했지만 중국은 새로 출범하는 WTO 다자 체제에 승선하지 못했다. WTO 체제는 1948년 출범한 GATT 외에 우루과이라운드에서 새로 타결된 서비스 교역에 관한 일반협정GATS, General Agreement on Trade in Services과 무역 관련 지식재산권협정TRIPs, Trade Related Intellectual Properties까지 포함하는 광범위한 다자 협정 체제였다. 상품 분야 협상만을 하던 중국은 WTO 가입을 위해 서비스 분야 협상도 하고 지식재산권협정도 수용할 수 있도록 국내 제도를 개혁해야만 했다.

GATT 가입에서 WTO 가입으로 목표가 수정된 중국은 훨씬 더 광범위한 분야의 협상을 준비해야 했고 국내 제도를 정비하고 개혁해야 하는 이중 과제에 봉착하게 되었다. 더 높은 산을 넘어야 했고 새로운 강을 건너야 했다. 관세, 비관세 장벽, 금융 서비스, 보험, 통신, 노동 기준, 국영 기업, 투자, 농업, 중국의 국내 법규 체계 등 많은 쟁점들이 협상 의제가 되었다.

중국과 가입 협상을 하는 국가들은 자국 기업들이 중국 시장에서 경험하고 있던 모든 어려움들을 밀린 빨랫감처럼 고스란히 협상 테이블에 쏟아부었다. 중국은 그 많은 빨랫감을 다 세탁할 수는 없다고 버티었다. 빨랫감들 중 그들이 세탁할 수 있는 것, 세탁하고 싶은 것만 골라내고 싶었다. 가장 많은 빨랫감을 쏟아낸 미국은 그 빨랫감들 모두 다, 그것도 오늘 중으로

다 세탁하라고 다그쳤다.

중국은 '개도국^{개발도상국}' 지위를 요구했다. 개도국 지위를 얻게 되면 개방의 폭도 적고 협정을 이행하는 데 더 긴 시간을 확보할 수 있으며 분쟁 해결 시 예외적인 대우를 받을 수 있기 때문이다. 미국은 중국의 특성과 향후 다른 국가 — 특히 러시아를 염두에 두었다 — 의 가입 협상에 미칠 영향을 고려해 개도국 지위 부여를 거부했다.

미국은 중국의 WTO 가입 협상을 중국의 개방을 확대하고 국내 제도를 국제적 기준에 부합되게 투명하고 합리적으로 변화시킬 수 있는 절호의 기회로 삼았다. 미국의 강력한 통상 압력은 중국 개혁파들이 국내 개혁을 적극적으로 추진할 수 있는 명분을 제공했다.

중국은 1995년 11월 WTO에 새로운 가입 신청서를 제출했고 WTO 기존 가입 주요 국가들과의 협상을 거쳐 2001년 12월 WTO의 143번째 회원국으로 인정받았다. 중국의 개혁개방은 '지도 없는 여정'이었다. 1989년 천안문 민주화 시위를 공산당이 무력으로 진압한 이후 중국은 위기에 처했다. 세계는 중국에 대한 제재를 가하기 시작했고 중국 집권 세력 내부에서는 개혁개방 노선에 대한 회의론이 고개를 들면서 홍전갈등이 격화되었다.

중국이 가야 할 길이 불투명해진 암울한 상황에서 1992년 덩샤오핑은 선전, 주하이 등 남방 경제특구를 찾아가 지속적인 개방과 개혁의 중요성을 강조하는 담화를 발표하면서 공산당 지도부를 압박했다. 머뭇하던 중국은 다시 뚜벅뚜벅 개혁과 개방의 길을 걸어가기로 결정했다. 개혁과 개방의 모멘텀은 간신히 유지되었다. 그 길은 2001년 중국의 WTO 가입으로 이어졌던 것이다.

중국은 분명 다른 개도국보다 더 큰 폭의 시장 개방을 요구받았고 그 때문에 WTO 가입을 추진하는 과정에서 내부적인 갈등도 적지 않았다. 미국이 요구한 개방의 폭과 범위가 중국이 생각한 것보다 훨씬 깊고 넓었기 때문에 중국 강경파들의 반발도 거세었다. 개혁 성향의 주룽지^{朱镕基} 총리의 과단성 있는 리더십이 아니었다면 판이 뒤집어질 뻔했다. 협상이 막바지로 치닫던 1999년 5월 미국이 세르비아의 수도 베오그라드^{Beograd}의 중국 대사관을 잘못 폭격하여 세 명의 중국 기자들이 사망하는 상상하기 어려운 돌발 사태 때문에 파국으로 치닫는 우여곡절을 겪기도 했다.

WTO 가입 협상 과정에서 반드시 넘어야 하는 큰 산인 미국과 EU는 중국에게 더 많은 즉시 개방을 요구했고, 중국은 일부 즉시 개방, 대부분은 가입 이후 단계적 개방 전략으로 맞섰다. 중국은 수입 관세를 평균 17%에서 9% 수준으로 인하하고 WTO의 대원칙인 비차별, 투명성을 중국의 규제 제도에 도입할 것을 약속했다. 외국 기업을 중국 국내 기업과 차별하지 않고, 모든 규제는 공표되며 공개된 법령 등 규정에 따라 이루어질 것을 약속했다. 지식재산권 보호, 수입할당제도 폐지, 자의적 기술표준선정 금지 등 WTO 협정의 기본 의무를 준수한다는 약속도 가입 협정에 명문화했다. 도매, 소매 등 유통 서비스 분야도 개방되어 외국의 대형 유통 매장이나 가구 업체들의 중국 진출 길이 열렸다.

미국 내 중국 WTO 가입 논란

1999년 미국과 중국은 WTO 가입 협상을 타결했다. 미중 양국 행정부 간 무역 협상이 타결된 후 공은 미국 의회로 넘어갔다. 의회가 협정안을 비준하지 않으면 중국의 WTO 가입은 치명타를 입는다. 당시 클린턴 행정부는 '미국 의회가 중국의 WTO 가입을 비준하지 않으면 미국은 중국 시장에서 밀려날 것'이라고 의회를 압박했다. 2000년 클린턴 대통령은 '중국의 WTO 가입을 지지하는 것은 미국의 경제 이익 때문만은 아니다. 미국은 중국을 제대로 된 길로 유도할 수도 있고, 중국에 등을 돌려서 중국을 잘못된 길로 밀어낼 수도 있다. WTO는 중국을 제대로 된 길로 나아가게 할 것이다'면서 의회의 지지를 호소했다.

2000년 그때에도 중국은 미국으로부터 상당한 무역수지 흑자를 기록하고 있었고 중국 시장은 상당 부분 닫혀 있었다. 중국과 무역 협상을 타결한 미국 정부는 중국의 수많은 시장 개방 약속, 관세 인하 약속, 비관세 장벽 완화 약속이 담긴 서류를 흔들면서 미래 가능성을 홍보했다. 그러나 의구심과 불신은 여전했다.

중국이 과연 약속을 지킬 것인지에 대한 의문은 집요하게 제기되었다. 중국의 WTO 가입을 반대하는 측은 구체적인 사례와 물증을 제시하면서 중국 정부가 국제 협정을 준수할 의지가 있는지, 국내적인 위반을 감시하고 적발할 역량은 가지고 있는지를 의심했다. 대표적인 사례로 1992년 미중 지식재산권 합의에도 불구하고 중국은 지속적으로 대규모 지식재산권을 위반해 왔음이 지적되었다. 중국 정부는 미국이 강력하게 문제를 제기하면 시범 케이스로 몇몇 불법 복제된 영화 필름, 음반 등을 적발하여 한곳에 모아놓고 불태우는 쇼를 하지만 근본적인 상황은 달라지지 않는다고 그들은 주장했다.

1992년의 약속에도 불구하고 2000년 당시까지 중국의 미국 지식재산권 침해는 더 지속적이고 조직적이며 대규모로 진행되어 왔다. 상황은 그때보다 더 악화되었다. 이런 행태를 가진 중국 정부가 WTO에 가입한다고 그 본질적인 속성이 달라지겠는가. 중국이 국제 협정을 준수하지 않는 것은 중국 지도자들이 사악해서 그런 것이 아니라 중국 정치의 현실과 구조적 특성 때문이다. 이번에는 다를 것이라는 클린턴 행정부의 희망은 희망고문일 뿐이다. 그들의 주장은 이어졌다.

중국의 WTO 가입에 반대하는 전략적인 논리도 강력했다. 중국의 인권 문제를 압박하기 위해서 미국이 가진 연례 심사라는 레버리지를 쉽게 포기해서는 안 된다는 주장이 바로 그것이다. 중국이 극도로 민감해하는 티베트, 신장, 위구르 지역 소수 민족의 인권 문제와 중국에게 다른 WTO 회원국들과 동등한 대우를 해주는 것을 연계할 때 미국은 국제 사회에서 중국이 제대로 된 바른길을 갈 수 있도록 유도한다는 논리이기도 하다. 중국이 WTO에 가입하고, 미국이 중국에 최혜국 대우라는 의무를 지게 되면 미국이 가진 레버리지leverage는 사라지게 된다.

"중국이 WTO에 가입하면 중국 내 개혁 세력의 입지를 강화하고 그들이 중국을 더 개방하고 정부 간섭을 약화시키며 시장 기능을 강화하는 개혁을 추진하리라는 것은 환상일 뿐이다." [11]

이는 중국의 WTO 가입을 반대하는 진영의 보고서 결론이다.

중국은 약속을 이행했는가

중국은 WTO 가입 때의 약속을 지켰는가? 이 질문에 답하기 위해 미국 행정부는 매년 미국 의회에 중국의 WTO 이행 보고서를 제출해야 한다. 매년 초 미국 무역 대표부는 전년도 중국의 WTO 이행 여부를 분석한 보고서를 제출한다. 트럼프가 대통령으로 취임한 첫해의 이행 보고서는 2018년 1월, 미국 의회에 제출된 '2017년 보고서'로, 200여 페이지에 달하는 이 보고서의 결론은 망설임이 없다.

'미국이 중국의 WTO 가입을 지지한 것은 잘못된 것이었다.' [12]

2002년 시작된 이래 2018년 제출된 보고서는 16번째 연례 이행 보고서이다. 이 보고서는 중국의 약속을 아홉 개 분야 – 수입 규제, 수출 규제, 투자,

농업, 지식재산권, 서비스, 법 제도 등 - 로 나누어 검증한다. 이 보고서는 중국이 약속과는 달리 가입 당시 합의한 조건들을 제대로 이행하지 않고 있음을 지적한다. 핵심 논지는 2001년 가입 후 17년의 세월이 지났지만 그들의 약속과 달리, 중국은 개방되고, 시장 지향적인 무역 제도로의 변환에 실패했다는 이유 때문이다.

중국이 2001년 WTO에 가입할 때 중국은 광범위한 사안에 대해 국내법을 수정하겠다고 약속했다. 이런 약속들 때문에 중국은 WTO에 가입할 수 있었다. 중국이 그 약속들을 이행하지 않았다는 비난과 원성은 미국 정부뿐만 아니라 중국과 무역 관계를 맺고 있는 외국 기업들, 그들의 연합체인 상공회의소, 미국과 유럽의 싱크탱크 및 언론에 지속적으로 제기되어 왔다. 중국이 가입 약속을 제대로 이행하지 않았다고 비난받는 부분을 일부만 소개하면 다음과 같다.

- 모든 가격은 시장에 의해 정해진다

- 모든 보조금을 WTO에 통보하고 공개하기로 한다

- 국영 기업SOE, State Owned Enterprises은 정부의 간섭 없이 운영된다

- 기술 규제, 표준 등 기술 장벽TBT, Technical Barriers to Trade은 WTO 협정과 합치되게 운영한다

- 지식재산권을 보호한다

- 외국 기업을 차별하지 않는다

- 규제의 투명성을 높인다_{규제할 때는 명문화되고 공개된 법령에 따른다는 뜻}

- 자동차 산업의 경우, 중국에 진출하는 기업에게 국내산 의무 사용, 기술 이전, 수출 의무 등을 강제하지 않겠다는 약속은 이행되지 않고 있다. 중국 내에서 신규 자동차 공장 설립 허가와 R&D^{Research & Development} 설비 설치 의무를 연계하지 않는다는 약속도 이행되지 않고 있다

- 통신 서비스의 경우, 신규 진입을 가로막는 비공식 장벽이 존재하고, 국영 기업과 합작 투자만이 가능하고, 상당한 규모의 자본을 요구하는 허가 조건을 내세워 외국 기업의 시장 진입을 막고 있다

- 외국 영화 배급제를 자유화하겠다는 약속은 지켜지지 않고 있다

- 농산물 수입 제도는 투명하게 운영되지 않고 있다

- 외생 검역 조건은 과학적 근거와는 무관하게 자의적이고, 새로 도입된 외생 검역 조치들은 WTO에 제대로 통보하지 않고 있다

중국의 WTO 가입 시 약속 불이행에 대한 일부분은 WTO에 제소되어 중국이 패소했다. 그러나 많은 부분은 불만만 제기되고 상황은 개선되지 않고 있다. 중국 정부는 WTO 가입 시 약속을 성실히 이행하고 있다고 주장한다. 그렇다면 중국이 약속을 이행하지 않고 있다는 미국과 외부의 불만은 말 그대로 '일방적인 의혹 제기'에 불과한 것일까.

WTO 제소가 문제를 완벽하게 해결하지 못하는 데 함정이 있다. 논란이 끊이지 않는 강제 기술 이전 의혹의 경우, 강제 기술 이전 요구는 절대로 공

식적으로 드러내놓고 이루어지지 않는다. 그렇게 하는 경우 WTO 제소에서 불리하다는 사실을 너무나 잘 알고 있는 중국 정부는 비공식적이고 간접적인 방법에 의존한다고 관계자들은 증언한다. 지난 수년간 중국에 진출한 미국 기업들의 비공개를 전제로 한 증언을 토대로 한 보고서의 내용이다.

만약 그들이 실명으로 공개적으로 증언할 경우, 중국에서의 사업을 포기해야 할 상황에 내몰릴 것을 두려워하기 때문이다. 중국 정부의 '보이지 않는 손Invisible hand'이 곳곳에 개입하는 비시장경제의 적나라한 실상이다. 중국 정부가 개입되었다는 확실한 물증, 스모킹 건Smoking gun이 없는 상태에서 WTO에 제소해봤자 실익이 없다는 판단 때문에 상황은 더 악화되어 왔다.[13]

중국은 시장경제인가?

2018년 말, 중국은 미국의 반덤핑 관세를 가장 많이 부과받은 국가이다. 모두 120개 조치로 미국이 부과한 반덤핑 관세 조치의 34%에 해당한다. 중국 다음으로 미국의 반덤핑에 많이 시달린 나라인 인도, 한국, 대만, 일본은 국가 당 20여 개 안팎의 반덤핑 조치를 받았다.

반덤핑이란 덤핑으로 국내 산업이 심각한 피해를 보는 경우, 국내 산업을 보호하기 위한 관세 조치이다. WTO 협정의 최혜국 의무에 따라 국가 간에 차별할 수 없음에도 불구하고 국내 산업을 보호하기 위한 한시적인 조치로,

해당 국가의 해당 상품에 대해 관세를 인상 적용할 수 있는 조치이다. WTO 대원칙인 비차별 원칙을 한시적으로 정지시키고 상대 국가에게 불이익을 주는 긴급 조치인 만큼, 엄격하고 정교한 적용이 요구된다.

반덤핑 조치를 내리기 위해서는 두 가지 테스트를 모두 통과해야 가능하다. 첫째는 무시할 수 없을 만큼의 덤핑 마진이 존재해야 하고, 둘째는 덤핑 마진으로 인해 국내 산업에 심각한 피해가 있다는 사실이 입증되어야 한다. 덤핑 마진은 해당 상품의 수출 가격과 국내 가격의 차이로 계산된다. 첫 번째 테스트가 통과되어야 두 번째 테스트로 이동한다. 이 때문에 첫째 관문인 덤핑 마진의 계산이 초미의 관심사가 된다.

미국의 국민 스포츠로 사랑받는 야구를 예로 들어보자. 중국산 야구공이 미국 시장에서 날개 돋친 듯 판매되고 있다. 1달러짜리 중국산 야구공은 2달러인 미국산 야구공보다 선풍적인 인기를 끌고 있다. 막 수출되기 시작한 중국산 야구공은 미국 야구 시장에서 점유율을 높여가더니 이제 미국산 야구공이 설 자리를 위협하기에 이르렀다. 중국의 공세에 화가 난 미국산 야구공 생산 업체들은 미국 정치권에 호소하기 시작한다. '저가의 중국 야구공 때문에 미국 야구공이 죽게 되었다. 미국 야구공 살려내라!'

급기야 미국 정부가 나서서 사태의 진상 파악에 나선다. 조사 결과, 문제의 중국 야구공은 중국에서도 1달러에 판매되고 있다는 것이 판명되었다. 본국과 수출국에서 모두 같은 가격을 매기고 있다는 것이다. 이 사실을 접한 미국 야구공 생산 업체는 전혀 당황하지 않고 당당하게 주장한다. '똑바로 조사

해봐. 그럴 리가 없잖아. 중국이야! 중국!! 중국 땅에서 1달러에 판매되고 있다는 것이 사실일 리가 없잖아. 중국 가격을 얼마나 믿을 수 있어?'

실제 상황에서 특정 상품의 국내 판매 가격과 수출 가격을 제대로 비교하기는 쉽지 않다. 계절적인 변동 요인도 있고, 시장도 광범위하다. 딱 꼬집어 이 가격이 정상적인 국내 가격이고 이 가격이 제대로 대표할 수 있는 수출 가격이라 할 수 있다고 누가 주장한다면 가장 초보적인 경제학 개론을 제대로 공부한 사람이라면 누구나 '거짓말'이라고 해야 한다. 이 때문에 반덤핑 조사는 국제 무역에서의 블랙박스 지역이다. 조사 기간에 존재하는 수많은 다양한 다른 가격들 속에서 어떻게 대표 가격을 찾아낼 것인가.

그런데 상대가 중국이라면 상황은 달라진다. 미국은 중국을 '비시장경제Non-Market Economy, NME'로 간주하기 때문에 중국 시장 가격이 아닌 다른 가공의 가격을 만들어낼 수 있다. 그 결과 상황은 중국 제품에 불리하게 돌아간다. 이러한 가상의 예에서 중국 야구공의 정상적인 국내 가격은 1달러가 아닌 2달러로 둔갑할 수 있다. 시장 경제가 아닌 국가의 가격은 믿을 수 없기 때문이라는 이유로 중국과 유사한 발전단계 국가 중 시장 경제 체제를 찾아서 정상적인 가격을 찾아보려는 시도를 한다고 하지만 그것이 허점투성이의 불완전한 시도임은 분명하다.

그래서 미국 조사 당국은 중국 야구공의 정상적인 가격이 2달러인데 미국 시장에서는 1달러에 수출되어 무려 1달러이 경우엔 100%의 덤핑 마진을 남기고 있다고 판정할 수 있게 된다. 이 정도의 무시무시한 덤핑 마진이라면 미국 야구공을 괴멸시키고도 남는 덤핑이 아닐 수 없다는 다음 단계 판정은 쉬울 수밖에 없다.

이쯤 되면 몇 가지 의문이 들 수밖에 없다. 미국은 무슨 근거로 중국을 '비시장경제'로 간주하는가? 중국은 속수무책으로 당하기만 하나? 해답은 중국의 WTO 가입 협정에 있다.

중국은 가입 후 15년 동안 반덤핑 판정에 사용되는 가격 산정에서 자국이 비시장경제 지위를 적용받는다는 것에 합의했다. 2001년 가입 당시 중국 경제는 분명 누구나 생각하는 시장 경제와는 거리가 먼 것이었다. 그래서 중국을 비시장경제로 취급한다는 것은 자연스러운 합의였다. 문제는 15년이 흐른 후에는 어떻게 되는가이다.

2015년 8월 미중 정상회담에서 시진핑 주석은 오바마 대통령에게 중국의 시장경제 지위를 인정해줄 것을 요청했다. 2015년 12월 중국 외교부는 2016년 12월 이후에도 중국을 비시장경제로 간주한다면 불공정하고 비합리적이며 차별적인 처사라고 천명했다. 중국은 2016년 12월, D-day가 다가올수록 압박 공세를 폈다. 2016년 12월은 왔지만 미국, EU, 일본 등 주요 민주주의 국가들은 중국의 '비시장경제 지위'를 변경하지 않고 있다. 중국은 지체 없이 WTO 제소 카드를 꺼내 들었다.

2016년 12월 중국 정부는 미국과 EU를 WTO에 제소했다. WTO 가입 후 15년이 지나면 중국에게 '시장경제 지위Market Economy Status, MES'를 부여하기로 한, WTO 가입 당시의 약속을 위반했다는 것이 그 이유였다. 중국은 시장

경제 지위를 15년이 경과하면 자동으로 부여받기로 했다고 주장한다. 반면 미국과 EU는 중국의 시장경제 지위는 자국의 국내적인 결정 사항이며 중국은 시장과 민간 기업의 의사 결정에 정부가 깊숙이 개입하고 있는 비시장경제라고 주장한다.

　중국은 15년이 경과한 시점부터 더 이상 비시장경제로 간주되어 반덤핑 판정에서 불리한 상황을 인정할 수 없다고 말한다. 중국의 제소에 대해 미국과 EU는 단호한 입장이다. 중국 경제가 시장경제 지위를 인정할 만한 특성을 전혀 보이지 않는데 웬 야단법석이냐는 것이다. 중국의 WTO 가입 협정문서는 여기에 대한 적확한 대답을 줄 수 있을까. 한편으로는 중국의 주장이 일리가 있어 보이고, 다른 한편으로는 미국과 EU의 주장이 타당해 보인다. 2001년 중국의 WTO 가입 의정서의 합의 내용은 모호하다. 상반되는 내용이 존재하기 때문이다. 중국의 WTO 가입 의정서는 양측의 상반된 주장 모두 일리가 있어 보이게끔 되어 있다.[14]

　상대국의 시장경제 지위는 미국 상무성Department of Commerce이 결정한다. 2017년 10월 상무성은 중국의 지위를 검토했다. 결론은 중국이 여전히 비시장경제라는 것이다. 중국 정부가 시장과 민간 기업의 결정에 너무 깊숙이 개입하고 있다는 것이 그 이유이다.

　시장경제 지위에 대한 정의는 WTO 협정 어디에도 존재하지 않는다는 것이 문제를 더 키우고 있다. WTO 회원국의 국내적인 절차와 상대국과의 외교적인 고려에 따라 정해질 따름이다. 선진 시장경제 국가들의 클럽인

OECD^{Organization for Economic Cooperation and Development, 경제협력개발기구} 회원국

들 가운데 중국에 시장경제를 부여한 나라는 대한민국과 호주뿐이다.[15]

중국의 WTO 가입 후 17년, 미국은 후회한다

중국의 WTO 가입을 사실상 결정지었던 미중 합의를 의회에서 비준시키는 데 성공한 클린턴 대통령은 중국의 WTO 가입을 "1970년대 이후 중국의 긍정적인 변화를 가져올 수 있는 가장 의미심장한 기회"라고 평가했다.

그런데 17년이 흐른 지금, 그의 말에 동의하는 사람은 얼마나 될까. 2000년 중국과의 무역 관계에 PNTR^{Permanent Normal Trade Relations, 항구적 정상 무역 관계}을 부여하는 법안에 서명하면서, 클린턴 대통령이 중국 국영 산업들의 보호막이 약해지면서 중국은 중국공산당 권력의 원천인 국가 주도 경제 체제로부터 급속하게 이탈할 것이라고 희망을 피력했다. 그는 순진했던 것일까, 아니면 스스로 그렇게 믿고 싶었던 것일까.

중국의 국가 주도 경제는 급속한 이탈은커녕 오히려 강화되고 있다. 중국공산당은 후퇴는커녕 경제의 모든 부분에 장악력을 강화하고 있다. IT^{Information Technology} 분야 등 몇몇 분야에서 민간 기업의 경이로운 성장에도 불구하고 중국 경제 체제의 구조적 본질은 조금도 변하지 않았다.

중국은 처음부터 개방과 개혁을 지속하여 시장경제의 길을 갈 생각이 아

예 없었던 것일까? 중국과 WTO 가입 협상을 지휘했던 당시 미국무역대표부 USTR, United States Trade Representative 샬린 바셰프스키Charlene Barshefsky는 이렇게 회고한다.

"그러한 희망은 2006년부터 희미해지기 시작했다. 이때쯤부터 중국은 개혁과 변화에 등을 돌리고 정부 주도 체제를 강화하고 외국 기업을 차별화하는 중국 모델을 본격화했다."[16]

첫째는 중국의 퇴행, 둘째는 미국의 미온적인 대처 때문이었다. 이 둘이 합쳐져 지금과 같은 상황에 이르렀다는 것이 바셰프스키의 진단이다. 중국이 개혁과 변화의 길에서 후퇴하고 WTO 가입 당시 약속을 위반함에도 미국과 다른 국가들이 미온적으로 대처했음을 지적했다. 강제 기술 이전, 시장 교란 행위 등 중국 특색의 불공정 행위들을 면밀하게 검토하고 본격적으로 대처하지 못한 탓에 사태가 악화되었다는 평가이다.

또한 오바마 행정부 8년 동안 미국은 중국의 퇴행적인 변화를 저지하는 데 실패했다. 오바마는 중국에 대해 미온적이었다. 2016, 2017년 중국의 WTO 이행 보고서의 결론을 대비해 보면 오바마와 트럼프의 차이는 극명해진다. 2016년과 2017년 사이에 중국의 불공정 무역 행위가 본질적으로 변한 것은 없다. 중국은 이미 수년 전 클린턴이 희망했던 '정부 주도 경제에서 멀어지고 시장경제의 길로 변화하는' 개혁과 개방을 사실상 중단했다.

공산당은 경제의 전면에 나서기 시작했고, 공급 과잉의 주범인 국영 기업들은 퇴출은커녕 더욱 존재감을 키워갔다. 당의 국영 기업 통제와 장악은 더욱 강해졌다. 미국이 바라고 희망했던 중국의 시장경제화가 허망한 꿈이었다는 사실은 이미 오바마 행정부 때 판명 났다. 그럼에도 불구하고 2016년 미국 무역 대표부의 중국 WTO 이행 보고서는 '대화와 WTO를 통해 문제를 해결하겠다'는 결론을 내놓고 있다.

"미국은 중국과의 무역 갈등을 대화로 풀려고 노력했다. 대화가 실패했을 때 미국은 주저하지 않고 중국을 WTO에 제소했다. 중국이 WTO에 가입한 후 미국은 중국을 상대로 20건을 WTO에 제소했다. 이 숫자는 미국 다음으로 중국과 많은 분쟁을 제소한 국가 제소 건수의 두 배가 넘는 수치이다. 이런 방식으로 미국은 중국이 WTO 규정을 준수해야 할 필요성을 강조해 왔고 WTO 체제의 성숙한 참여자이자 최대 수혜자로서 책임을 지도록 해왔다."

반면 2017년 보고서는 판이한 결론에 도달한다.

"WTO 규정만으로 중국의 시장 왜곡 행태를 제지할 수 없음은 이제 분명해졌다. 중국 정부의 문제 소지가 있는 정책과 행태들이 WTO에 제소되고 중국이 패소해서 중국이 WTO 규정을 위반하고 그들의 약속을 방기하고 있음을 밝혀내긴 하지만 대부분의 무역 마찰은 WTO 규정이나 중국의 가입 약속으로는 규율할 수 없는 것들이다. 불편한 진실은 WTO 규정이 중국 같은 정부 주도 경제를 염두에 두고 만들어진 것이 아니라는 점이다. 중국의 WTO 가입 약속은 중국이 WTO에 가입하던 2001년 당시 중국의 정부 주도 정책과 행태를 일정 부분 변화시켰지만 그 후 중국은 더 교묘하고 정교한 정책과 행태를 도입하면서 정부 주도 체제를 더욱 강화했다."

"지난 15년간 미국은 중국의 국가 주도, 중상주의적 무역 체제의 의미 있고 근본적인 변화를 추구하기 위해 중국과 협력적인 고위급 대화에 의존해왔다. 이런 평화적인 노력은 실패했다. 이제 미국은 앞으로 나아가기 위해 이행에 노력을 쏟을 계획이다. WTO 분쟁 해결 절차 이외에 미국 무역법 체계에서 허용되는 다른 필요한 방법을 모두 동원할 것이다. 미국은 너무 오랫동안 기다렸다."

트럼프의 미국은 중국과의 무역 갈등을 WTO를 통해 해소할 수 있다는 생각을 집어 던졌다.

"중국 정부가 진정으로 시장 중심 경쟁 체제에 확신이 없는데 WTO 이행 조치만으로 경제 대국 중국의 변화를 가져올 수 있다고 믿는다면 그것은 너무나 비현실적이다. 미국과 중국의 무역 갈등을 WTO 제소만으로 해결할 수 있다는 발상은 좋게 말하면 순진하고, 나쁘게 말하면 정책 담당자들이 중국의 비시장 체제의 심각한 도전을 제대로 대응하지 못하게 만든다."

중국의 WTO 가입을 추진했던 미국의 정치 지도자들, 응원 부대였던 싱크탱크의 전문가들은 '우리가 중국 체제의 속성에 대해 너무나 무지했다'는 고해성사를 하기에 이르렀다.

미국의 중국 봉쇄령

2001년 중국의 WTO 가입 이후, 중국의 대미 수출 증가세는 마치 비행기가 활주로를 날아올라 수직 상승하는 모습을 연상케 했다. 세계 최대 시장인 미국이 '다른 국가들과 같은 조건으로' 중국 상품의 수입에 시장을 열어준 결과였다. WTO 가입 이전에는 그 동등한 조건을 받아낼지의 여부를 미국 의회의 연례 심사에 맡겨두어야 했던 정치적인 위험이 사라지면서 중국은 '세계의 공장'으로 등극하게 되었다. 중국 제조업에 투자가 몰리고, 규모는 확장되고, 수출은 증가하고, 증가한 수출은 새로운 투자를 만들어 내고…. 확대 재생산의 메커니즘이 작동하기 시작했던 것이다.

도표 1. 세계 2위의 경제대국이 된 중국

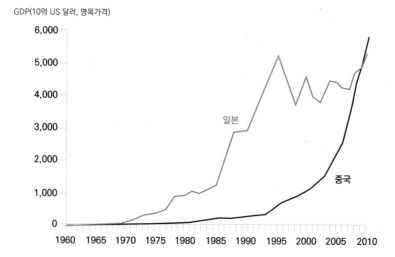

GDP(10억 US 달러, 명목가격)

자료: NBSC 2010; World Bank 2011b.

중국의 WTO 가입 후 중국 제조업은 독일을 제치고, 일본을 추월하고, 미국까지 넘어섰다. 중국은 세계 최대의 제조업 국가가 되었다. 중국을 최종 조립지로 하고, 기술과 핵심 부품은 미국, 독일, 일본, 한국 등에 의존하는 이른바 글로벌 가치사슬Global Value Chain이 만들어지고 확대되었다. 'Made in China중국산'이지만 실상은 'Made in World세계산'인 전 세계를 상대로 한 분업 구조가 만들어졌던 것이다.

이 세계적인 분업 구조에서 제품의 모든 공정을 처음부터 끝까지 책임지는 국가는 없다. 나라마다 가진 경쟁 우위 요소에 따라 공정의 일부가 이루어질 따름이다. 이 구도에서 중국이 가진 경쟁 우위는 노동력이었다. 그냥 노동

도표 2. 세계 최대 무역국가가 된 중국

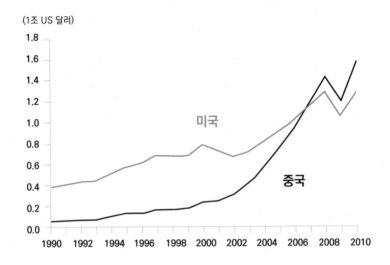

(1조 US 달러)

자료: NBSC 2010; World Bank 2011b.

력이 아닌, 거대한 노동력이었다. 저렴한 임금으로 얼마든지 고용할 수 있는 노동력. 의류, 완구, 가구 등 노동 집약적 산업이 중국을 최종 조립지로 만드는 것은 너무나 당연한 일이었다. 일본, 한국, 대만의 제조업 자본과 경영 경험이 중국으로 몰려 왔다. 이들 국가에선 이미 포화 상태에 도달한 의류, 완구, 가구 산업의 출구를 중국이 제공했던 것이다. 미국은 시장을 제공했다.

2001년 WTO 가입 후 중국의 무역 성장세는 거침이 없었다. 세계 최대 시장인 미국에 다른 국가들과 같은 조건으로 시장 접근을 획득한 중국은 질주에 질주를 거듭했다. 2007년 독일을 제치고 세계 3위 경제 대국으로 부상했고, 2010년 일본을 제치고 세계 2위 경제 대국으로 등극했다. 21세기가 시작될 때

도표 3. 세계 최대의 제조업 국가가 된 중국

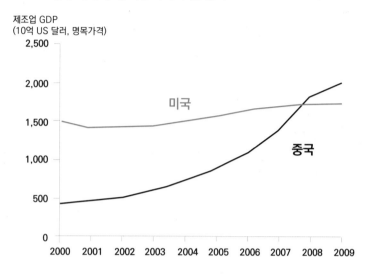

제조업 GDP
(10억 US 달러, 명목가격)

자료: NBSC 2010; World Bank 2011b.

미국 경제의 10% 규모이던 중국은 이제 65% 규모까지 치고 올라왔다.

21세기가 막 시작될 때 미국 경제는 세계 경제의 30%를 책임졌다. 중국은 단 3.5%였다. 그로부터 16년, 미국은 세계 경제의 25%, 중국은 15%를 책임진다. 불과 16년의 세월 동안 중국은 압축적으로 거대하게 팽창했다. 미국과 중국의 격차는 더 좁혀졌다. 그래서 미국은 맹렬히 추격해 오는 중국이 두려워지기 시작했던 것이다. 중국은 곧 미국을 따라잡을 수 있다는 자신감과 확신에 사로잡혀 있다. 중국의 어마어마한 자신감을 가능케 한 것은 미국이 지지한 중국의 WTO 가입이었다. 중국의 WTO 가입은 결과적으로 중국의 초고속 질주를 가능하게 한 초고속도로였다. 미중 무역전쟁을 넘어 패권 경쟁

도표 4. 미국을 맹추격해온 중국

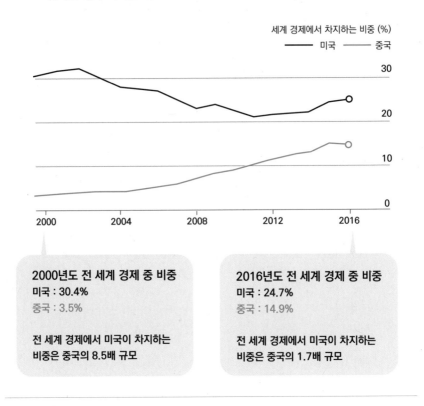

세계 경제에서 차지하는 비중 (%)
── 미국　── 중국

2000년도 전 세계 경제 중 비중
미국 : 30.4%
중국 : 3.5%

전 세계 경제에서 미국이 차지하는
비중은 중국의 8.5배 규모

2016년도 전 세계 경제 중 비중
미국 : 24.7%
중국 : 14.9%

전 세계 경제에서 미국이 차지하는
비중은 중국의 1.7배 규모

은 이제 본격화될 수밖에 없다.

　미국의 불만은 그 고속도로가 쌍방향이 아닌 중국에게서 미국으로만 열린 일방향이라는 것이다. 2016년 미국 대선에 투영된 중국의 모습은 불공정 대국이다. '열린 미국 시장'의 혜택을 마음껏 누리면서 자국 시장은 폐쇄된 국가인 것이다. 'I win, you win, we all win'이라는 국제 무역의 대원칙을 어기면서 'I win, you lose'를 추구하는 불공정 국가이다.

세계 최대 시장인 미국 덕분에 세계 최대 수출국이 되었지만 미국 제품의 수입에는 인색한 국가. 한 해 미국에 5,000억 달러를 수출하는데 미국으로부터 수입은 고작 1,500억 달러인 국가. 그래서 연간 미국으로부터 무역 흑자가 3,500억 달러인 국가. 하루 평균 10억 달러의 무역수지 흑자인 국가. 이 규모는 미국 전체 무역수지 적자의 절반에 해당한다.

미국은 이제 와서 중국의 고속도로 진입을 후회하고 있다. 15년에 걸친 중국과의 가입 협상을 통해 비싼 통행료를 받아내었고 과속 운전, 반칙 운전을 하지 않겠다는 다짐까지 중국으로부터 받아내었다. 하지만 과속과 반칙을 적발해야 하는 경찰력은 무능하고 과태료는 터무니없이 싸고 범칙금 고지서를 발부해도 중국은 '당신들도 예전에 반칙했는데 왜 나만 못살게 구느냐'고 항변하면서 납부를 거부한다는 것이 미국의 생각이다.

트럼프 대통령은 고속도로에 더 많은 경찰과 순찰차를 투입하는 것으로는 중국의 난폭 주행을 막을 수 없다는 결론에 도달했다. 중국을 고속도로에서 끌어내릴 수도 없다. 그래서 트럼프는 고속도로를 무용지물로 만들고 그와 생각을 같이하는 국가들에게만 진입을 허용하는 새로운 길을 만들려고 한다. 중국을 세계 통상 체제에서 고립시키는 것이 그 목표이다.

총성 없는 싸움

미중 통상 갈등: 쟁점과 그 골

2001년 WTO 가입 후 중국의 성장세는 누구도 상상하지 못한 것이었다. 중국인들 스스로도 믿기 어려울 정도였다. 제조업 분야에서 중국의 질주는 거침없었다. 2001년과 비교한 2017년 중국 수출액은 철도 설비 600%, 기계 설비 900%, 자동차 1,200%, 항공기 1,200% 증가였다. 제조업의 부가가치로 계산했을 때 중국은 미국을 제치고 세계 최고 제조업 국가가 되었다 GDP에서 제조업 분야 부가가치만으로 평가.

중국이 대약진한 제조업 분야는 미국 중서부 경제 지형을 특징지었던 산업과 일자리를 위협하기에 충분했다. 20세기 초반 철강, 자동차 산업의 세계 중심국으로 등장하면서 세계 최대 경제 대국이 된 미국 경제의 심장이었던 그 지역은 1980년대에는 서독과 일본의 맹렬한 추격에 비틀거리기 시작했다.

1990년대에는 이웃국가인 캐나다, 멕시코, 그리고 아시아의 '제2의 일본'으로 불리기 시작한 한국의 도전에 힘겨운 버티기를 해야만 했다. '미국의 심장'으로 불리던 미국 중서부 공업 지역은 그런 과정을 거치면서 '러스트벨트'라는 자조적인 이름으로 변해 갔다.

그리고 21세기 중국의 등장으로 러스트벨트는 결정타를 입고 비틀거리기 시작했다. 이 지역의 쇠락은 치열한 국제 경쟁 탓만으로는 돌릴 수 없다. 노동 시간의 제한도 없고, 과도한 임금 인상이 아니면 파업도 불사하는 노동조합을 만들지 않는 로봇이 인간을 대체하면서 이곳은 시대의 변화에 적응하려 했다. 그 과정에서 인간의 일자리는 사라져 갔다.

러스트벨트의 불행을 기계가 아닌 외국 노동자에게 비난을 쏟아붓는 정치 행태는 미국 보호주의의 시작이라 할 수 있다. 이곳은 트럼프를 대통령으로 만든 혁명의 진원지이다. 1970년대 초반 이후 미국 내 최상위 10% Vs. 나머지 90% 간의 격차는 지속적으로 벌어지고 있다. 최상위 10%를 제외한 나머지 90% 계층의 2013년 평균 실질 소득은 1972년보다 후퇴했다.

제조업 일자리 감소가 그 원인의 하나였다. 2000년까지 1,800만여 개를 유지해 오던 미 제조업 일자리 수는 2001년부터 급속하게 사라지기 시작한다. 21세기 처음 10년간 미국에서는 무려 560만 개의 제조업 일자리가 증발했다. 무려 37%의 일자리가 없어진 셈이다.

공교롭게도 이 시기는 중국이 WTO에 가입[2001년]한 후 비약적으로 수출

도표 5. 미국의 만성적인 대중 무역적자

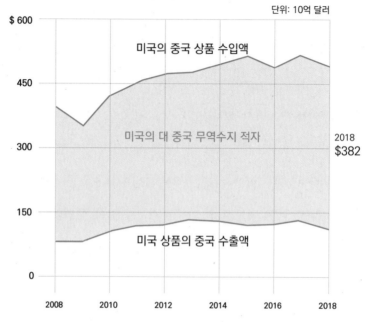

자료: 미국 의회조사국

상승세를 타던 기간과 일치한다. 실증 연구는 이 기간에 사라진 제조업 일자리의 4분의 1이 중국 때문이라 주장한다. 정밀한 인과 관계를 입증할 수 있는 계량경제학적 방법을 동원하여 경제학계에서 최고 수준으로 인정된 전문 학술지에 엄격한 심사 과정을 거쳐 발표된 연구 결과들이다.

트럼프가 이들 논문을 제대로 정독했는지는 알 수 없지만^{그럴 가능성은 1도} ^{없을 듯하지만}, 그는 본능적으로 '중국 때리기'로 저소득 제조업 노동자들을 자극했다. 그들에게 "당신들의 불행은 당신들의 잘못이 아니다. 중국을 WTO에 가입시키고 NAFTA를 만든 이전 대통령들과 기존 미국 정치인들 때문이다"라고 외치는 트럼프는 그들에게 재림한 메시아와 다름없었다.

트럼프는 선거 내내, 무역수지를 문제 삼았다. 그의 셈법은 단순했다.

'무역수지 적자=미국 일자리를 외국에 뺏기는 것'

중국이 미국에게 막대한 무역수지 흑자를 쌓을수록 미국 일자리가 중국으로 수출되는 것, 미국에는 그 일자리가 사라지는 것이라는 그의 셈법은 사실 많은 정치인, 언론인, 경제단체, 시민단체가 사랑하는 논법이다. 미국이 중국의 천문학적 무역수지 적자에 대해 불만을 가져온 사실은 오래되었다. 중국의 WTO 가입과 관련한 미중 협상을 진행할 때에도 미국은 이미 중국에 대해 무역수지 적자를 기록하고 있었다. 미국 내부에서는 중국의 WTO 가입이 미국의 대중 무역수지 적자를 더 확대할 것이라는 우려가 컸다.

중국의 WTO 가입을 추진했던 클린턴 행정부는 그러한 우려를 불식시키기 위해 중국의 WTO는 중국의 개방 확대, 시장 친화적 방향으로의 개혁, 외국 기업과의 경쟁 촉진으로 이어져 미국 제품, 미국 기업의 중국 진출을 확대할 것이라는 논리로 맞섰다. 그러한 기대와는 달리, 시간이 흐를수록 중국과 미국의 무역 격차는 확대되었고 미국의 대중국 무역수지 적자는 팽창되어 갔다.

도표 6. 전 세계 상품 무역에서 미국의 비중

(단위: %)

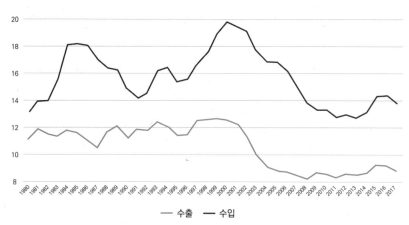

수출 —— 수입 ——

자료: 미국 의회조사국

도표 7. 전 세계 서비스 무역에서 미국의 비중

(단위: %)

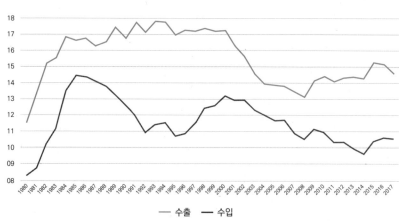

수출 —— 수입 ——

자료: 미국 의회조사국

미중 통상 갈등: 역사적 경로

'죽의 장막'으로 스스로를 고립시킨 중국을 세계로 불러낸 미국. 1972년 리처드 닉슨 대통령의 베이징 방문과 마오쩌둥과의 만남. 마오쩌둥의 역사 속 퇴장 이후 치열한 내부 권력 투쟁 끝에 '시장은 자본주의의 전유물이 아니다'라는 덩샤오핑이 권좌에 오르면서 중국의 역사적인 세계사 다시 쓰기는 시작되었다.

1949년 중국 내전에서 승리하고 인민해방군이 베이징에 입성하면서 마오쩌둥이 천안문 망루에서 수립을 선언한 중화인민공화국. 1989년 천안문 광장 민주화 항쟁을 무력으로 진입한 중국공산당이 여전히 독주하는 중화인민공화국은 정치는 공산주의, 경제는 자본주의의 시장 제도를 실험해보는 '중국 특색 사회주의'로 변신해 갔다.

개방 초기 부족하던 기술과 자본을 해외에서 공급받고 중국 자신은 노동력을 제공하고, 미국과 유럽으로 수출하는 'Factory China' 모델. 그 모델의 공동 설계자는 중국과 미국의 파워엘리트들이었다. 중국은 '쥐를 잡는데 흰 고양이면 어떻고 검은 고양이면 어떠냐'는 실용주의로 공산주의의 적인 자본주의 핵심을 시장에 도입하기를 주저하지 않았고, 미국은 '적의 적은 친구'라는 계산으로 주적인 소련과 적대적 관계인 중국과 전략적인 파트너로서 손잡았다. 중국 고사성어 '오월동주吳越同舟'가 바로 이런 상황을 묘사한 것이 아니겠는가.

도표 8. 제조업 상위 국가

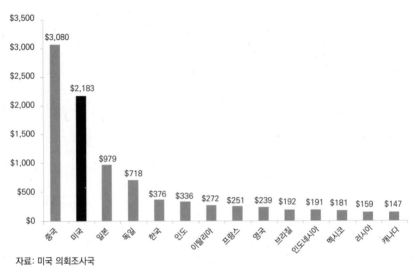

2016년 기준(단위: 10억 달러)

자료: 미국 의회조사국

공산주의 중국과 자본주의 최대 국가인 미국이 서로 다른 전략적인 계산 속에 제휴한 지 40년이라는 세월이 흘렀다. 미국은 중국의 변화를 촉진하기 위해 중국을 자신의 세계 속에 깊숙이 끌어들였다. 개혁개방 초기 중국을 세계은행과 IMF에 가입시키면서 경제 개발에서 인프라의 중요성, 지속적인 경제 발전을 위한 경제 안정의 중요성, 시장 경제의 핵심은 가격이 정부가 아닌 시장에서 결정되는 것 등에 대한 학습을 시켜나갔다.

15년에 걸친 WTO 가입 협상을 거치면서 미국은 시장친화적인 경제 체제로의 전환을 위한 기틀을 만들었다고 스스로 확신했다. 연례심사를 통해 중국에게 다른 국가와 동등한 무역 권리인 최혜국 대우를 부여할지를 심사하

표1. 미국 무역에서 주요 제품 (단위: %)

수출	2000	2017	수입	2000	2017
우주 항공 관련 제품 및 부품	6.9	8.7	자동차	10.4	8.8
석유 및 석탄 제품	1.2	5.4	석유 및 가스	8.6	6.1
자동	3.2	4.1	통신 관련 설비	2.6	5.3
기초화학제품	3.7	3.9	자동차 부품	4.2	4.9
반도체 및 기타 전자부품	10.7	3.8	의약품	2.4	4.8

자료: 미국 의회조사국

던 제도를 미국은 2000년 포기했다. 중국의 변화는 돌이킬 수 없으리라는 기대가 무지개처럼 피어나던 시절이었다.

중국이 시장친화적인 정치 제도로 바뀐다는 확신에 찼던 미국의 기대는 엇나갔다. 중국은 세계 시장을 마음껏 활용하면서 눈부신 경제 성장을 이어나갔지만 시장친화적이기는커녕 시장지향적인 체제로의 변화도 더디었다. 세계 2위의 경제 대국이 될 만큼 14억 인구 대국의 경제 몸집은 커졌지만 두뇌는 공산당이, 신경회로는 정부가, 팔과 다리는 국영기업SOE, State Owned Enterprise이 여전히 장악하고 있다.

2008년 미국발 세계 경제 위기가 시작되자 공산당과 정부의 개입은 더욱 강해졌다. 후진타오胡錦濤 집권 후반기에 접어들면서 중국에서 더 이상 의미 있는 개방과 개혁은 이루어지지 않았다. WTO 가입 때의 약속은 대부분 서류에만 존재했던 것이다. 중국의 미국으로의 수출은 고공행진을 계속하지만 미

도표 9. 미국과 중국의 관점에서 본 2017년도 수출입 비중

수출

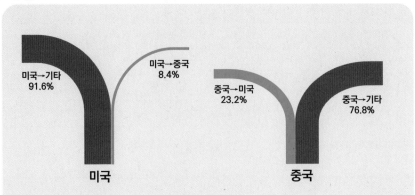

미국에서 중국으로의 수출은 미국 전체 수출 가운데 8.4%를 차지한다. 반면 중국에서 미국으로의 수출은 중국 전체 수출 가운데 23.2%를 차지한다.

수입

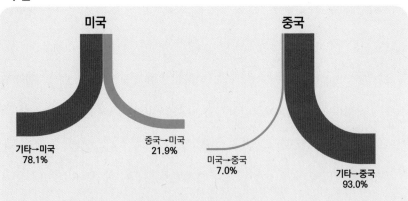

미국이 중국으로부터 하는 수입은 미국 전체 수입 가운데 21.9%를 차지한다. 반면 중국이 미국으로부터 하는 수입은 중국 전체 수입 가운데 7.0%를 차지한다.

국의 중국으로의 수출은 달팽이 걸음이었다. 중국은 경제 성장으로 축적된 그들의 부를 본격적으로 미국에 투자하면서 싸구려, 짝퉁 중국의 변화를 꿈꾸기 시작했다. 중국의 본격적인 미국 기업 사냥이 시작되었던 것이다. 중국에게 부족한 기술, 유통망, 브랜드, 인재를 단숨에 확보할 수 있는 M&A^Mergers & Acquisitions 게임이 본격화되었다.

미국의 중국 투자는 제자리걸음인 반면, 중국의 미국 투자는 화산이 연쇄 폭발하듯 이어졌다. 미국 기업들은 중국에서 합작 투자 형태로만 진입을 허용 받고 대신 기술 이전을 요구받았다. '시장을 줄 테니 기술을 내놔라'는 중국식 거래 법칙을 수용할 때에만 게임에 참여할 수 있다는 것이었다.

열린 미국 시장, 닫힌 중국 시장

미국은 조바심이 났다. 2008년 미국발 금융 위기 와중 집권한 오바마는 집권 8년 동안 중국을 견제하려 했지만 성과는 초라했다. 오바마 행정부 8년 동안 미국은 중국시장을 더 개방시키는 데 실패했다. 미국무역대표부가 매년 4월 발표하는 세계 각국의 무역장벽보고서^NTE, National Trade Estimate 에서 중국의 분량이 가장 많이 할애되고 중국의 공식적, 비공식적 무역 장벽이 구체적으로 지적되었으며, 연초 발간되는 중국의 WTO 이행 보고서는 중국의 퇴행적인 무역 정책의 비난으로 도배되었지만 오바마 8년 동안 중국의 무역 정책은 더욱 정부 주도의 개입적 정책 체제로 후퇴하였을 뿐이다.

중국이 시장지향적인 체제가 아닌, 정부 주도 체제라는 확증은 다음 세 가지로 입증된다.

첫째, 과잉 생산 설비

2008년 세계 경제 위기를 거치면서 수요는 급락했다. 시장 가격은 하락했고 공급은 넘쳐났다. 공장은 조업 단축으로 버텼고, 상황이 악화되자 문을 닫는 공장이 늘어났다. 생산 비용을 축소하는 뼈를 깎은 혁신이 없으면 버틸 수 없는 상황이 계속되었다. 철강, 조선, 전자 산업이 대표적인 예다. 경제 위기를 극복했지만 경기 침체는 지속되었고, 기업들은 생존을 위해 공급 능력을 줄여나갔다. 정확하게 이야기하면 공급 능력을 줄인 기업만 생존할 수 있었다.

하지만 중국은 이런 생존 공식의 예외였다. 세계적으로 철강 공급이 과잉이었지만 중국은 철강 공급 능력을 줄이지 않았다. 중국의 주요 철강 기업은 국영 기업이었다. 중국 정부는 그들에게 엄청난 자금을 지원하면서 생존을 도왔다. 세계 유수의 철강 기업들은 주가가 하락하면 자본금을 회수할 준비가 되어 있는 주주들의 압박, 이윤율을 주시하는 시장의 압박을 견디지 못하고 조업 단축과 공급량 축소로 위기의 시대를 버텨나갔지만, 중국은 무풍지대였다. 오히려 중국 정부는 위기를 기회로 삼았다.

혼란한 와중에 세계 시장을 석권할 기회를 본 것이다. 다른 경쟁자들이 쓰러질 때 중국은 버티면서 그들의 시장점유율을 확대하는 전략을 구사했다. 정부 주도 경제가 아니면 상상조차 할 수 없는 일이었다. 정부 주도 경제라도 선거를 의식해야 하는 민주주의 정치 제도라면 감행할 수 없는 대담한 일이기도 했다.

둘째, 인터넷/디지털 공간 통제

한국에서는 4차 산업혁명이라는 단어로 더 익숙한 디지털 대변혁기의 총아는 인터넷 기반의 IT 기업이다. 페이스북Facebook, 아마존Amazon, 넷플릭스Netflix, 구글Google 등 미국인들의 일상을 지배하는 기업들이다. 페이스북으로 얼굴도 모르는 사람들과 일상을 공유하고, 아마존으로 책을 주문하고, 넷플릭스로 영화를 보고, 구글로 기사, 논문, 맛집을 검색하고 날씨를 확인한다.

서점은 사라졌고, 영화관, 유통 체인, 종이 신문과 잡지들은 이들과 사투를 벌이고 있다. 21세기가 시작될 때만 하더라도 상상하기 힘든 풍경이다. 이들 기업의 첫 글자를 따서 나온 신조어 'FANG'. 오프라인 세상에서 무엇인가를 직접 제조하지 않고 인터넷 거래만으로 세계 최고 기업 반열에 오른 신데렐라들이다.

20세기 경제를 쥐락펴락하던 자동차 기업 GM 및 포드의 기업 가치는 자동차를 한 대도 생산하지 않는 차량 공유 서비스인 우버Uber의 그것보다 아래이고 세계적인 호텔 체인인 힐튼Hilton은 호텔 한 채도 짓지 않은 숙박 공유

도표 10. 세계 제조업 생산에서 주요국의 비중

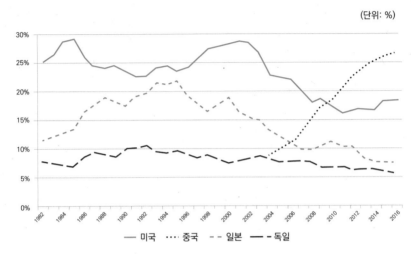

(단위: %)

자료: 미국 의회조사국

기업인 에어비앤비^{Airbnb}에게 기업 가치를 위협받는 세상이다.

디지털 대전환기의 세계 경제를 지배하는 FANG의 지도에 중국은 없다.

전 세계 14억 페이스북 가입자에 중국은 없다.

세계의 유통 공룡인 아마존에게 중국은 미지의 대륙이다.

구글 검색은 중국에선 먹통이다.

미국에 FANG이 있다면 중국엔 BAT가 있다. 바이두^{Baidu}는 구글을, 알리바바^{Alibaba}는 아마존을, 텐센트^{Tencent}는 페이스북을 그들의 스승이자 경쟁

도표 11. 자국 내에서 제조업 비중

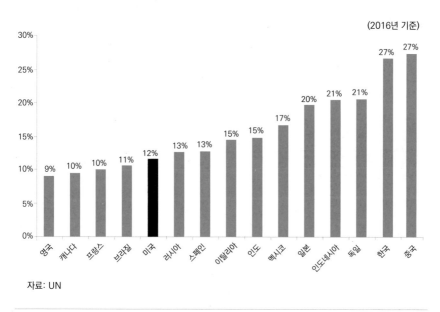

(2016년 기준)

자료: UN

상대로 커왔다. 이제 그들의 몸집은 스승을 능가한다.

중국 정부의 미국 기업 봉쇄 전략이 없었다면 중국 대륙은 이미 FANG의 천하가 되었을 것이다. 중국 정부는 '익명성'과 '검색의 자유'가 핵심인 인터넷이 중국공산당 체제의 정당성을 위협하는 적으로 간주했다. 중국공산당이 금기시하는 단어인 천안문 사태, 문화혁명, 티베트, 대만 등을 막아야 했다. 어두운 역사의 흔적은 기억의 공간에서 지우고, 토론의 광장에서 강제 퇴출시켰다. 논쟁적인 쟁점의 토론은 통제되었다.

중국공산당의 인터넷 통제는 FANG의 중국 진출을 막고, 대신 그들의 손쉬운 통제가 가능한 중국판 FANG을 만들어냈다. 중국판 FANG으로 실력을 쌓고 몸집을 키운 중국은 이제 중국판 실리콘밸리인 선전을 앞세워 미국의 디지털 패권에 도전장을 낼 만큼 성장했다. 선전의 힘은 우버의 중국에서의 좌절로 증명된다. 선전은 디지털 전환기의 핵심 기반인 5G의 화웨이, ZTE의 본거지이기도 하다.

셋째, 중국제조 2025

중국 정부가 지정한 10대 산업 분야에서 중국의 점유율을 2025년까지 획기적으로 올린다는 '중국제조 2025'. 2015년 시진핑 정부는 반도체, 전기 자동차 등 중국을 '짝퉁'과 '싸구려'의 이미지에서 탈출시킬 수 있는 분야 10개를 선정하면서 중국의 본격적인 기술굴기를 선언하였다.

중국 정부가 선정한 이들 핵심 분야에서 2025년 시장점유율 70%를 목표로 한다. 계획을 선언한 2015년 경우, 대부분 분야에서 중국산의 시장점유율은 10% 부근 수준이었다. 10년 만에 시장점유율 70%로의 수직 상승은 시장지향 경제라면 불가능한 일이다. 웬만한 정부 주도로도 가능하진 않다.

정부가 그 분야를 철저하게 통제하지 않는 한, 추진하는 것 그 자체가 불가능하다. 그 통제 방식은 정부의 가격 통제, 표준 통제, 유통 통제, 외국 기업의 투자, 생산 통제를 통해 이루어진다. 적법과 불법의 경계 선상에 있는 무수한 일들이 자행될 것은 삼척동자도 내다볼 수 있다.

도표 12. 미국과 중국의 5대 수출품 (2017년)

(단위: 10억 달러)

중국의 5대 미국 수출품		미국의 5대 중국 수출품	
전자제품	$16.3	항공기	$150.1
원자력로 보일러, 기계류	$12.9	원자로, 보일러, 기계류	$112.3
가구류	$12.9	곡물류	$34.8
완구류	$12.9	자동차 등 운송장비(기차 제외)	$26.7
플라스틱	$12.1	전자제품	$17.6

중국 경제의 패러다임 전환 시도와 미중 통상 갈등

미국과 중국의 통상 갈등은 중국의 비약적인 수출 증가세와 비례하여 확대되어 왔다. 무역수지 불균형, 투자 제한, 서비스 규제 등 중국 시장의 폐쇄성에 대해 미국은 지속적으로 문제를 제기해왔다. 중국의 환율 조작 역시 같은 맥락에서 지속적으로 제기되어 왔다. 디지털 기술이 경제에 본격적으로 융합되는 디지털 경제가 부상하면서 미국은 기술, 지식재산권, 사이버 보안에 우려를 제기하고 구체적인 사례를 들어 중국을 압박해 왔다.

도표 13. 스마일 커브

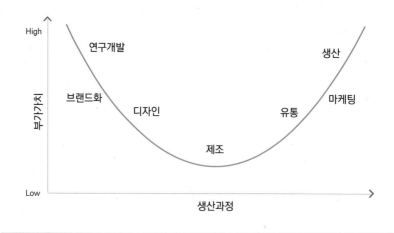

조립 위주 제조업이 주도하는 경제 체제로 '세계의 공장'이 된 중국. 단순 일자리는 양산되었지만 부가가치 창출은 제조업 전체 공정의 다른 분야(디자인, R&D, 기획, 핵심 부품 제조 등)의 부가가치보다 상대적으로 낮다.

중국은 부가가치가 가장 낮은 공정에 특화되어 왔다. 조립 중심 제조업으로는 지속 가능한 성장 원동력이 되기에 한계가 있음을 인식한 중국 정부는 '양적 성장'에서 '질적 발전'을 추구해 나가기 시작했다.

중국 스스로 '신창타이(新常態, 뉴노멀)'라 명명한 새로운 경제 정책은 중국을 기존의 투자 주도, 제조업 중심, 기술 복제, 성장 우선 정책에서 탈피하여 소비 주도, 서비스 중심, 기술적 우위, 지속 가능 성장으로 변화하려 한다. '중국 제조 2025'는 '신창타이'의 핵심이다.

도표 14. 미국, 중국, 일본 경제 규모 비교

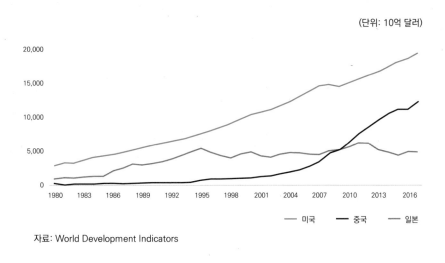

(단위: 10억 달러)

자료: World Development Indicators

중국이 단순 조립 중심 경제 패러다임에서 기술굴기로 전환하면서 미중 통상 갈등은 더욱 심각해졌다. 중국은 경제 구조 자체의 변환을 계획하고 있다. 13차 5개년 경제 개발 계획에 따르면 중국은 샤오캉小康 사회 건설을 목적으로 한다. 샤오캉 사회는 중국 경제 개혁의 설계자 덩샤오핑이 1979년에 제시한 용어로 '의식주를 해결하고 문화생활이 가능한 중·상급 사회'를 의미한다. 중국 정부는 혁신革新, 조화協調, 녹색綠色, 개방開放, 공동 향유共享 등 다섯 가지 발전 이념을 제시하고 중·고속 성장속도를 유지하며 2020년 GDP 및 1인당 소득이 2010년의 두 배에 이른다는 목표를 설정했다.

샤오캉 사회의 실현을 위하여 중국 정부가 계획한 경제 정책은 다음과 같다.

바로 국내 기술 혁신 정책indigenous innovation policy**이다.**

이는 공급 측 개혁供給側改革[17]을 위해 2006년부터 중국 주 정부가 발표한 국가 중장기 과학기술개발 프로그램2006~2020년의 일환으로, 그 내용은 중국을 저기술 제조 국가에서 2050년까지 혁신의 세계 리더로 바꾼다는 야심 찬 계획이다.

'국내 혁신, 전략적 분야에서의 도약, 개발 촉진, 미래 선도'라는 목표 아래 외국 기술의존도를 지금의 50% 수준에서 30% 이하 수준으로 낮추고자 하는 것이다. 구체적인 실천 계획으로는 중국제조 2025, 대중 창업, 인터넷 플러스[18] 등이 있다. 중국 기업들은 해외 고기술 기업을 M&A로 인수하여 기술 경쟁력을 확보하려고 혈안이 되어 있다. 미국 의회보고서에 따르면 중국 정부는 국내 기술 혁신을 정부 조달과 연결[19]하여 지원하고 있다.

2015년 발표된 중국제조 2025는 중국 정부 주도하에 적극적으로 추진되고 있다. 중국제조 2025는 향후 30년간 3단계로 나누어 중국 산업 구조 선진화를 추구하는 중국 정부 계획의 1단계로 제조업의 IT 경쟁력을 크게 개선하여 세계 제조업 2강 대열에 진입하는 것을 목표로 하고 있다. 중국제도 2025 정책은 과거 조립 중심의 부가가치가 낮은 분야에 집중되었던 중국 제조업을 가치 사슬의 상위 부분으로 올리는 데 그 목표가 있다. 중국은 제조업 분야 규모는 크지만 경쟁력은 취약하며 혁신 능력, 효율성, 자원 활용, 산업 분야별 디지털 기술 활용 등에서 선진국과 격차가 있다고 판단해 중국제조 2025 구상이 시작되었다.

중국제조 2025가 발표된 후 정부 주도의 제조업 성장 정책이 가져올 영향에 대해 큰 우려가 나타났다. 중국제조 2025는 기본적으로 중국 정부가 주도적으로 산업에 대한 대대적 개혁 정책을 추진할 것을 필두로 하고 있다. 단순히 중국이 그간 기대왔던 해외 첨단 기술에서 벗어나 독립적인 기술력을 유지하는 것이 아니라 중국 기업을 글로벌 무대에서 첨단 기술의 주요 행위자로 성장시키겠다는 계획인 것이다.

이러한 계획을 성공적으로 이루기 위해 중국 정부가 과도하게 자국 기업에 국영 투자와 금전적 혜택을 주어 글로벌 시장에서 불공정한 경쟁을 가져올 것이라는 우려가 제기된다. 또한 기술 획득을 목표로 직접적으로 해외 기업 인수에 자금을 지원할 것이라는 우려의 목소리마저 나오고 있다. 이 외에도 중국 정부는 중국제조 2025 계획을 발표하며 현지 생산 제품 사용률을 의무화하겠다는 계획을 밝혔다.

해당 계획은 2020년까지 중국에서 제조되는 주요 품목을 이루는 부품 중 40%는 중국 현지에서 생산된 제품이어야 하며, 2025년에는 해당 비율을 70%까지 높일 것을 의무화한다는 내용이다. 해당 주요 품목으로는 농업 기기, 기초재료제품, 전기자동차 배터리 및 엔진, 핸드폰, 고성능컴퓨터, 산업용로봇, 선진의료장비 등이 있다. '중국제조2025'는 장기적으로 중국이 글로벌가치사슬의 주요 부가가치 생산 과정을 독식하려는 작전계획이라는 지적이 나오는 이유이다.

1. 무역수지 불균형

미국과 중국의 무역 갈등에서 가장 해묵은 쟁점은 지속적인 무역수지 불균형이다. 미국의 대중국 상품 무역 적자는 1990년 100억 달러에서 2015년 3,670억 달러로 매우 크게 증가하였다. 2016년에는 그 수치가 일부 감소하였으나 2017년에는 3,750억 달러에 이르면서 사상 최고 수치의 무역 적자를 기록하였다. 지난 수년간 미국의 대중국 무역 적자는 미국의 다른 무역 상대국들에 비해서도 매우 큰 수치를 기록하였다. 미국 전체 상품 무역수지 적자의 절반을 중국이 차지하고 있다는 것이다.

이러한 수치는 '개방된 미국 시장, 폐쇄된 중국 시장'의 움직일 수 없는 증거로 제시되어 왔다. 더불어 미국은 지속적인 대규모 무역수지 적자를 해소하기 위해 중국의 시장 개방을 지속적으로 압박해 왔다. 중국의 불공정 무역 정책과 행태에 대한 비판마저 지속적으로 제기되어 왔다.

미국의 대 중국 무역수지 적자를 중국 시장의 폐쇄성에서 찾기보다 세계 경제 분업 구조의 자연스러운 결과라는 시각도 존재한다. 중국의 개혁개방과 세계화 물결 속에서 형성된 분업 구조는 전 세계에서 자본과 부품을 제공하고, 중국이 최종 조립을 담당하며, 중국에서 생산된 제품이 미국 등 거대 시장으로 수출되는 것을 의미한다. 학계에서는 이런 분업 구조를 '글로벌 가치 사슬'로 부르고 있다.

도표 15. 미국의 대 중국 상품 무역수지 적자

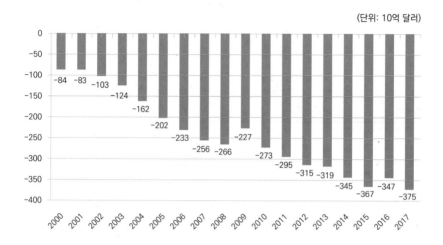

(단위: 10억 달러)

출처: 미국 무역위원회

글로벌 가치사슬에서 조립 공정의 최종 해결사로 위상을 굳힌 중국. 세계의 공장으로 등극한 중국이지만 그 공장 안을 들여다보면 기술과 주요 부품은 중국이 아닌 수입에 의존하고 있다. 이 때문에 세계의 공장 중국의 수출액에는 거품이 잔뜩 끼어 있다. 즉 중국의 수출 통계는 진짜 경제 실력보다 더 부풀려져 있다는 것이다.

미국 캘리포니아에 본사를 둔 애플의 아이폰. 중국에서 최종 조립되는 아이폰의 경우, 조립을 담당한 중국에게는 2.8%의 수익만이 돌아가고 제품을 디자인하고 설계하고 연구개발한 애플 본사에 56%의 수익이 돌아간다는 분석은 널리 알려져 있다.[20] 중국 공장에서 아이폰 수출 가격이 100달러라면

도표 16. 글로벌 가치사슬 속 중국

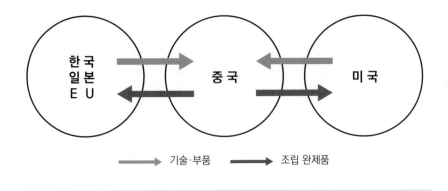

한국
일본
EU → 중국 ← 미국

⟶ 기술·부품   ⟶ 조립 완제품

중국에서 실제로 창출한 부가가치는 3달러에도 미치지 못한다는 것이다.

만약 1년에 100달러짜리 아이폰 1억 대가 미국으로 수출된다면 전통적인 계산 방법으로는 100억 달러가 중국에서 미국으로 수출된 것이지만 부가가치로만 계산하면 3억 달러어치가 수출된 것이다. 부가가치 기준을 적용해 다시 계산한 미국의 무역 적자는 20% 감소한다는 것이 2009년 OECD 및 WTO의 공동 연구 결과이다.

2. 투자

중국의 해외 투자에서 미국에 투자하는 비중은 최근에 급증하고 있다. 외국인 직접 투자에는 그린필드 투자Green field investment와 M&A 두 가지 형태가 있다. 공장 신설, 증설, 부동산 획득이 전자에 속하고 서로 다른 기업을 합병하거나 주식을 매입하여 기업의 실질적 경영권을 확보하는 것이 후자에

속한다. 중국은 미국에서 M&A에 집중하고 있다. 그리고 주요 타깃은 기술 분야이다.

투자가 미국의 일자리 창출과 경제에 도움이 된다는 논리에 따라 '돈의 색깔'을 따질 필요가 없다는 주장은 중국의 기술굴기와 맞물려 중국의 미국 내에서의 M&A 시도가 활발해지면서 '붉은 돈'에 대한 경계심이 확산되고 있다. 중국 투자가 미국 경제에 도움이 되기보다 미국 기술, 노하우, 인력, 브랜드 등 단물만 빨아먹는다는 점, 중국 투자의 배후에는 중국 정부가 도사리고 있어서 그들의 계획과 지휘 아래 투자가 이루어진다는 점, 투자 재원에 대한 투명성 부족 등을 근거로 중국의 미국 내 투자가 가져올 국가 안보 위협 가능성에 대한 우려가 제기되어 왔다. 이에 대해 중국 투자자들은 모든 투자 결정은 상업적 고려에 의한 것이라 주장하며 미국을 보호주의자라고 비난한다.

한편 미국의 중국 투자는 중국의 개방 부족과 개방된 분야에서 각종 유무형의 규제 때문에 난관에 봉착해 있다. 중국은 외국인 투자를 권장, 규제, 제한이라는 세 가지로 분류하여 규제한다. 중국의 2015년 해외 투자 가이드라인에 따르면, '권장' 카테고리에는 고기술, 에너지 저장, 환경오염 관련 산업이 나열되어 있다. '규제' 카테고리에는 합작회사 제한, 지분율 제한 등이 있으며, '제한' 카테고리에는 방산 제조업 등 국가 안보 우려 산업이 있다.

외국인 투자 허가를 조건으로 기술 이전 및 연구소 설립 요구, 지식재산권 도용, 차별적 라이선스 발행 등 규제 관련 미국 투자자들의 불만 건수는 계속 늘어만 가고 있다. 외국인 투자를 허용한 분야에서도 중국은 규제 제도

도표 17. 미중 간 외국인 직접투자(FDI)

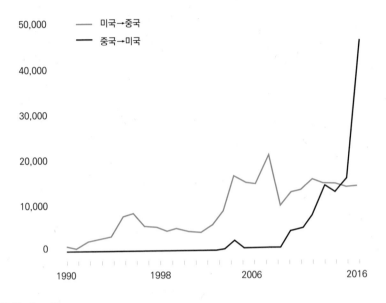

(단위: 백만 달러)

출처: Rhodium Group

를 자의적으로 운영하여 투자자들에게 예측 가능성을 약화시키고 투자 비용을 상승시킨다. 중국 시장의 성장 잠재력에서 기회를 찾으려는 외국 기업들에게 '시장을 줄 테니 기술을 가져와라'라고 하면서 허가에 시간을 끌고, 허가 조건과 기술 이전을 연계하는 '중국 시장과 미국 기술 교환'이 서로 좋은 것 아니냐는 식의 중국식 거래 방식은 중국 규제 제도에 고스란히 녹아 있다.

3. 서비스 교역

서비스 교역은 미국의 지속적 무역 적자 중 유일하게 흑자를 기록하는 분야이지만 중국의 폐쇄적 서비스 분야 개방 정책으로 마찰이 발생하고 있다. 2015년 기준 미국은 서비스 분야에서 중국에 45.4억 달러를 수출하였으며, 중국으로부터 15.9억 달러를 수입하여 2014년 대비 5.2% 증가한 30억 달러의 흑자를 기록했다. 미국 주요 서비스 수출 항목은 여행, 지식재산권, 교통 서비스 등이다. 그럼에도 불구하고 중국의 규제 기관들은 미국 기업에게 차별적인 규제 절차, 부담스러운 라이선스 및 영업 요구 사항을 사용하고 있어 미국 기업에게 큰 혼란을 일으키고 있다USTR, 2016년. 실제로 중국의 서비스 무역 개방 정도는 매우 낮은 수준으로, 전반적인 서비스 규범의 제한 정도를 측정한 OECD의 서비스무역제한지수Service Trade Restrictiveness Index에서 42개 국가 중 가장 높은 것으로 나타났다.

중국의 폐쇄적 서비스 무역 정책은 중국 경제의 발전에 주요한 산업 개발을 촉진하기 위한 산업 정책과 긴밀하게 연관된 것이다. 이는 미중 양국 서비스 무역에서 상호이익 창출에 걸림돌일 뿐만 아니라 미국 기업의 중국 사업에서의 지식재산권 침해 및 경제적 이익을 손실하는 주요한 원인으로 꼽히고 있다.

4. 환율 조작

미국이 제기하는 환율 조작의 논거는 두 가지로 압축된다. 첫째, 중국 화폐인 위안화의 환율은 중국 정부가 결정한다. 따라서 중국 정부의 의도에 따라 얼마든지 조작될 수 있다. 둘째, 실제로 중국 정부는 중국 수출품의 가격 경쟁력을 높이기 위해 위안화 환율을 실제 시장 가치보다 훨씬 낮게 저평가^평_{가절하}한다.

이런 이유로 미국은 중국 정부가 고정 환율제에서 변동 환율제로 전환할 것으로 공개적으로 요구하고 지속적으로 압박해 왔다. 시장에서의 수요와 공급에 의해 환율이 결정되면 중국 정부가 인위적으로 개입하지 못할 것이라는 계산에서이다.[21] 동시에 중국정부의 개입에 의한 위안화 저평가를 중단하라고 지속적으로 요구해 왔다.

2008년 미국발 금융 위기가 터졌을 때 미국은 중국의 환율 조작을 위기의 주범으로 지목했다. 미국의 논리는 중국의 저평가된 환율이 중국산의 미국 시장 수출 증가를 가져왔고, 막대한 중국의 대미 무역수지 흑자는 중국에게 거대한 미국 달러 자산을 보유하게 만들었으며, 이 때문에 미국은 저금리를 유지하고 저금리는 미국의 자산 거품을 만들어냈다는 것이다.

중국만이 환율 조작 시비에 휘말린 것은 아니고 미국과의 무역에서 무역수지 흑자를 누리는 한국, 일본, 독일 등도 도매금으로 내몰렸다. 수출 증대 목적으로 환율을 저평가해서 위기의 원인이 된 '글로벌 불균형'을 제공했다는 미국의 주장은 글로벌 경제 위기를 수습하기 위해 소집된 G20 정상회의의 핵심 의제가 되었다. 치열한 협상을 거쳐 2010년 11월 서울에서 개최된 G20 정상회담은 '경쟁적으로 환율을 저평가하지 않는다'는 합의를 도출하면서 불씨는 수면 아래로 가라앉았다.

느리긴 하지만 중국의 환율 제도는 미국의 주장을 반영하는 방향으로 변화해 왔다. 완만하게 위안화의 가치도 상승해 왔다. 2005년까지 고정 환율을 고수해 오던 중국 정부는 변동 폭을 설정한 환율제로 전환했다. 2015년에는 달러 페그제pegged exchange rate system, 사실상 고정환율제에서 바스켓제basket system, 일종의 관리변동환율제로 전환했다. 중국의 제도 변화에도 불구하고 미국은 중국이 언제든 마음만 먹으면 환율에 개입하여 의도적으로 조작할 수 있다는 경계심을 풀지 않고 있다.

5. 지식재산권

중국의 지식재산권 침해는 오래된 미중 통상 쟁점이다. 미국의 지식 산업은 4,000만 개 일자리를 만들고 GDP의 34.8%를 기여하는 미국 성장의 주요한 원동력인 만큼 중국에서 효율적이고 지속적인 지식재산권 보호가 이루어지지 않는 것은 미국 기업들이 중국 사업에서 겪는 가장 심각한 문제로 꼽히고 있다.

2014년 지식재산권 침해 사건은 13만 3,863건으로 2013년에 비해 19.2% 증가하며 지식재산권 범죄 적발 수가 증가하고 있다. 이러한 불만을 해소하기 위하여 2014년 중국은 지식재산권 특별 법원을 베이징, 상하이, 광저우에 설립하고 2015년 개정된 중국 특허법은 최대 78만 1,760달러의 벌금을 부과하는 등 지식재산권 보호 규제를 강화하는 조치를 취하였다.

하지만 법적 제도 강화에도 불구하고 지식재산권 침해는 여전히 지속적이고 심각하다는 것이 미국의 주장이다. 중국의 자본 집약적, 고기술 집약적 성장으로의 전환을 위해 지식재산권 보호가 허술할 수밖에 없다는 의혹의 눈초리는 여전히 싸늘하다.

6. 기술 이전

미국 정부는 중국 시장에 진출한 미국 기업들의 기술 이전 문제를 지식재산권 문제와 함께 큰 문제로 꼽고 있다. 2001년 중국은 WTO에 가입하며 외국 회사들이 중국에서 사업을 할 때 현지 파트너에게 기술 이전 압력을 주지 않을 것을 약속했지만 다수의 미국 회사들은 이러한 관행이 중국에서 사업을 할 때 흔한 일이라고 주장하는 실정이다. 미국 기업가들은 중국 정부의 시장 진입을 조건으로 한 기술 이전 요구는 기업들을 오늘의 이익과 내일의 생존 사이에서 고뇌를 강요하는 것이라고 밝혔다.

한편 2011년 미중 사업 협의회에 의해 진행된 설문조사에 따르면 미국 기업의 기술 이전은 정부 강요에 의한 경우가 20%, 중국 기업의 요구에 의한 경우가 80%이며 기술 이전 범위와 이에 대한 보상은 협상으로 정해지기 때문에 공짜로 기술을 이전하는 것은 아닌 것으로 나타났다.

7. 사이버 보안

사이버 보안은 미중 간의 새롭게 부상한 심각한 갈등 요소이다. 미국은 중국 정부가 민간 전산망에 침투해 입찰 정보, 영업 기밀 등을 해킹한 후 중국 기업에 전달하고 국방 관련 프로젝트를 추진하는 기업들의 전산망에 침투하여 정보를 훔쳐 국가 안보를 위협한다고 중국을 비난한다.

사이버 보안 문제는 2012년 10월 미국 하원 정보위원회Republic Intelligence Committee가 중국 정부를 사이버 공격의 배후로 지목하며 시작되었다. 당시 하원 정보위원회는 중국 네트워크 장비 제조사인 화웨이와 ZTE가 악성 소프트웨어를 장비에 내장하여 미국 내에 유통하고 있다는 보고서를 발간했다. 뒤이어 주요 글로벌 보안 업체들의 중국 발 사이버 공격에 대한 보고서가 발간되며 미국과 중국 간 사이버 보안 갈등이 대두된 것이다.

본격적으로 갈등이 심화된 것은 2014년 5월 미국 법무부가 중국 인민해방군 소속 장교 다섯 명을 미국 기업에 대한 사이버 공격 및 기밀 절도 등 산업스파이 혐의로 기소하면서부터이다. 법무부 기소에 이어 2014년 9월 미국 상원 군사위원회Armed Services Committee는 중국 정부의 지원을 받는 해커 집단이 미국 정부와 민간 기업들을 해킹했다고 주장했다. 이에 대해 중국 정부는 미국 기업 및 기관에 대한 사이버 공격에 중국 정부는 무관하다고 반박했다. 이 성명에서 중국 정부는 미국 법무부의 근거 없는 기소가 중국과 미국 간 신뢰 관계를 훼손하고 있다고 비판하였다.

트럼프가 중국과 강경 대응책으로 전환하기 전, 미국은 중국과의 통상 쟁점을 어떻게 다루어 왔을까? 미국은 일방적 입안 제정, 양자적 접근, WTO에 분쟁 제소 다자적 수단 등 다양한 방식으로 각 쟁점에 대한 중국 정부의 인식 제고와 문제 해결을 촉구해 왔다. 미중 외교, 재무 분야 최고위 당국자가 참여하는 전략경제대화Strategic and Economic Dialogue, 미중 투자 협상은 대표적인 양자적 채널이었다.

1. 무역수지 적자

지속적인 무역 적자에 대응하기 위해 미국은 중국의 덤핑과 보조금을 겨냥해 왔다. 덤핑에 대해서는 반덤핑 관세를 부과하고, 중국 정부의 보조금이 발견되면 상계 관세를 부과하여 중국 제품의 '부당한' 가격 우위를 상쇄시켰다. 특히 중국 철강은 이런 무역 구제 조치의 대표적인 표적이 되어 왔다.

2. 투자

미국은 중국과 2008년부터 양자간투자보호협정BIT, Bilateral Investment Treaty 협상을 진행하고 있다. 미중 양국 간 투자를 증대시키고 중국의 투자 환경을 개선, 미국 기업에 공정한 대우를 보장받는 것이 미국의 협상 목표이다.

부시 행정부 후반기에 시작된 미중 BIT 협상은 오바마 행정부 8년이 지나도록 최종결승선을 통과하지 못했다. 미국과 중국은 협상 방식에서부터 삐걱거렸다. 미국은 외국인 투자에 개방하지 않는 분야만 열거하는 방식인 네거티브negative 방식을 요구하고, 중국은 외국인 투자에 개방하는 분야만 열거하는 포지티브positive 방식을 고집했다. 얼핏 보기엔 유리컵에 물이 반만 차 있다는 것이나 반이 비어 있다는 것이나 똑같은 것으로 보이지만, 그렇다면 미국과 중국이 서로 자기 방식을 고집하는 이유를 이해할 수 없다. 미국의 의도는 개방 분야를 최소화하고 한번 개방한 분야는 후퇴하지 못하도록 하는 것이다. 이런 의도를 관철하기에는 네거티브 방식이 더 유리하다.

협상은 2013년 중국이 네거티브 리스트 방식에 동의하면서 새로운 계기를 만들어내는 듯했다. 그러나 중국은 네거티브 목록을 제출하는 데 많은 시간을 끌었다. 2016년 6월 제출된 중국의 네거티브 리스트는 매우 길어서 미국 측을 실망시켰다. 협상을 통해 중국의 네거티브 리스트를 짧게 만들려는 미국의 노력은 아무 소득이 없었다.

BIT 협상이 '높은 수준'에서 타결되면 중국의 개혁개방이 새로운 전기를 마련하고 중국 시장에서 공정 경쟁 환경이 조성되며 투자 환경도 개선될 것이라는 기대는 아직 희망에 불과하다.

3. 서비스 무역

미국은 중국과의 전략 경제 대화와 및 BIT 협상을 통하여 미국 기업의 중국 서비스 시장의 진입 장벽 축소를 지속적으로 요구하고 있다. 중국의 WTO 가입 시 약속한 서비스 시장 개방이 제대로 이행되지 않자 미국은 전자 지불 서비스, 영화 서비스 등 일부 서비스 분야에서 중국의 차별적 규제를 문제 삼아 WTO에 제소했다.

4. 환율 조작

환율 조작 문제에 대응하기 위해 미국 의회는 2015년 베넷-해치-카퍼 수정법안Bennet-Hatch-Carper Amendment을 통과시켰다. 재무부가 상대국의 대미 무역 흑자, 외화 순매입액, 경상수지 흑자라는 세 가지 기준을 근거로 환율 조작국 여부를 판정하고 제재하도록 한 법안이다.

이 법안에 근거하여 미국 재무부는 매년 4월과 10월에 주요 교역국들을 대상으로 환율 정책 보고서를 발간하고 있다. 아래 세 가지 기준이 모두 충족되면 환율 조작국으로 지정된다.

- 대미 무역수지 흑자200억 달러 초과

- 경상수지 흑자GDP 대비 3% 초과

- 환율 시장의 개입GDP 대비 순매수 비중 2% 초과

환율 조작국으로 지정되면 미국의 해외민간투자공사OPIC, Overseas Private Investment Corporation의 신규 자금 지원과 조달 참여가 금지되는 등 불이익을

받게 된다. 중국은 아직 이 법안에 의해 환율 조작국으로 지정된 적이 없다. 미국 재무부는 중국을 '관찰 대상국'으로 분류하고 중국을 은근히 압박해 오고 있다. '관찰 대상국'은 위 세 가지 요건 중 두 가지를 충족하거나 중국처럼 대미 무역 흑자 규모가 큰 경우에 해당된다. 미국은 아직까지 중국을 환율 조작국으로 지정하진 않았지만 중국 수출품의 가격 경쟁력을 인위적으로 높일 수 있는 중국 위안화 평가절하 가능성을 경계해 오고 있다.

5. 사이버 보안

2015년 9월 오바마 미국 대통령은 시진핑 중국 주석과의 정상회담에서 정부가 직접 나서서 산업스파이를 지휘하거나 개입하지 않기로 합의했다. 사이버 범죄에 대해 중국 정부가 처음으로 미국의 압박에 굴복한 '유례없는 일'이었다. 미국의 집요하고 지속적인 중국 압박이 효과를 거두었다는 평가였다. 2015년 4월 오바마 대통령은 사이버 절도 행위를 국가 안보 위협으로 간주하고 범법자들을 추적하고 처벌하는 행정명령에 서명했다.

배후가 중국으로 의심되는 사이버 절도 행위의 급증에 경계수위를 높이고 중국을 겨냥한 경고였다. 시진핑 주석과의 정상회담을 앞두고 오바마 대통령은 중국의 사이버 절도는 침략 행위라고 목소리를 높였다. 국내 기업인들과의 간담회에서 오바마는 중국의 사이버 절도를 중단하기 위해 미국은 모든 수단을 총동원할 것이고 중국에 대한 제재도 불사할 것이라고 압박 수위를 높였다.

역사적인 사이버 보안 합의에도 불구하고 사이버 절도는 여전히 미중 간의 첨예한 갈등 요인이다. 오마바-시진핑의 사이버 보안 합의에 인민해방군이 포함되는지에 대한 문제는 처음부터 지적되어 왔다. 중국이 제대로 사이버 합의를 이행하는지에 대한 의구심은 사라지지 않고 오히려 커져만 가고 있다.

트럼프,
미국을 구할 것인가

'Buy American, Hire American'

2017년 1월 트럼프 대통령의 취임사를 도배한 네 단어이다.

'미국 제품을 더 사고, 미국인을 더 고용하라'

그의 외침은 추운 겨울 취임식 자리를 채운 청중을 향한 것이 아니었다. 그는 세계를 향해 외쳐댔던 것이다. 미국산 제품을 더 많이 팔고 미국 내 투자를 늘려 고용도 창출하겠다는 그 외침은 세계 최고 경제 대국, 세계 경제 체제의 설계자이자 주창자인 미국 대통령의 취임사가 아닌, 어느 기업 판매 담당 사원의 외침으로 착각할 정도였다. 그의 대통령 취임사에는 지금까지 역대 미 대통령 취임사에서 흔히 들어왔던 자유, 민주주의, 평화 따위 어디에도 없었다.

미국의 산업화를 이끈 자동차, 철강 산업이 탄생했고 미국이 영국을 제치고 세계 최고 경제 대국으로 성장하는 데 일등 공신이었던 미국 중서부 지역. 20세기 후반 독일 및 일본과의 제조업 경쟁이 가속화되면서 비용 압박에 몰린 기업들이 공장을 동남아로 이전하면서 쇠락의 길로 접어들었고 결국 러스트벨트라는 불명예스러운 이름으로 불리는 이곳의 몰표 덕분에 백악관에 입성한 트럼프가 아니던가.

취임하기도 전에 'My Way'를 보여준 트럼프

대통령으로서 트럼프의 행보가 어떨지는 이미 당선인 신분 때 예고된 바 있다. 2016년 11월 멕시코로 공장을 옮긴다는 미국 인디애나주에 위치한 에어컨 제조 기업 캐리어Carrier, 이 회사가 만든 에어컨은 한국에도 많이 팔렸다를 압박하여 공장 이전을 저지했을 만큼 극성이었다.

아직 공식적으로 대통령 업무를 시작하기 전, 대통령 당선자 신분인 트럼프는 캐리어의 모회사인 유나이티드테크놀로지스United Technologies Corporation

계열 제트기 엔진 생산 기업인 프랫앤휘트니Pratt & Whitney의 국방 관련 연방 정부 계약 건들의 미래가 순조롭지 못할 것임을 암시한 것이다. 트럼프의 협박에 화들짝 놀란 회장은 캐리어의 멕시코 이전 계획을 철회했다. 멕시코로 이전할 경우 사라질 1,000개 일자리가 살아남았다.

캐리어가 멕시코로 공장을 이전하기로 결정했을 당시, 트럼프는 부통령인 마이크 펜스를 대동하고서 인디애나로 날아가 집회를 열고 그의 마법의 주문인 'Buy America, Hire American'을 외쳤다. 그의 '채찍과 당근'을 동원한 '팔목 비틀기식, 제조업 일자리 미국 내 잡아두기'의 위세에 눌려 눈치 빠른 글로벌 기업들은 발 빠르게 미국으로의 투자를 약속하기에 바빴다. 켄터키주의 자동차 공장을 폐쇄하고 멕시코로 이전하겠다던 포드Ford Motor는 그런 계획을 백지화했고 멕시코로 이전을 예고했던 토요타, 혼다도 백기 투항했다. 삼성, 현대도 미국에 투자 시기를 앞당기겠다며 트럼프 비위 맞추기에 급급했다.

대통령에 취임하기도 전, 트럼프는 특정 기업의 경영을 좌지우지할 수 있다는 것을 보여준 셈이다. 아직 공식적인 권력도 가지지 않은 그가 그런 시도를 한다는 것 자체가 놀라울 따름이다. 미국 언론은 미국 정치사상 초유의 일이 벌어지고 있음을 개탄하는 기사들로 도배했다. 그러나 트럼프 지지자들에게 트럼프의 그런 행보는 대선 공약이 말로만 그치는 것이 아니고 행동으로 보여주는, 일찍이 경험하지 못했던 신선한 것이었다. 그들에게 트럼프의 이런 행보는 어쩌면 트럼프가 진짜 러스트벨트의 일자리를 지켜줄 수호신일지도 모른다는 생각이 들게 만들었다.

트럼프의 이런 파격 행보는 그가 정식 대통령 신분이더라도 미 대통령으로서는 하기 어려운, 아니 하면 안 되는 것이었다. 대통령 당선자가 기업 최고경영자에게 직접 전화를 걸어 기업 경영에 개입하는 상황이 미국에서 벌어졌던 것이다. 정경분리 원칙이 철칙처럼 지켜진 나라, 정부의 인위적인 개입에 발작적으로 반발해온 나라, 그런 미국이 아니던가.

트럼프의 파격 행보는 대통령으로서 트럼프는 기존의 규범과 규칙에 매이지 않고 자신만의 방식으로 거래를 추구할 것이라는 예고편을 보여준 것이다. 법과 제도의 미국은 거래의 기술을 사랑하는 대통령을 맞이할 준비가 되었을까? 캐리어의 공장 이전 뒤집기를 관철시킨 트럼프는 부동산업자로서 수십 년간 행해온 거래의 법칙을 다시 확신하게 되었다. '내가 가진 힘을 믿고, 상대에게 그 힘을 과시하여, 상대를 굴복시키는 것.' 'Make America Great Again'을 내건 트럼프의 미국은 이제 중국을 정조준하고 있다.

확연히 다른 새 미국 대통령: 중국 흔들기

대통령 당선자 트럼프의 파격 행보는 캐리어 경영 개입에만 그치지 않았다. 그는 여전히 당선자 신분이었던 2016년 12월 초, 대만 총통인 차이잉원蔡英文과 통화하였다. 10분간의 통화에서 차이잉원은 트럼프의 당선을 축하했고 아태 지역의 경제 안보 등에 대한 이야기를 나눈 것으로 알려졌다. 트럼프는 통화 사실을 트위터로 세상에 알렸다. 곧바로 중국은 발끈했다. 세계 언론은 트럼프가 중국을 자극한다고 속보를 쏟아내었다.

불난 곳에는 소방관보다 구경꾼들이 더 많이 몰려든다고 그랬던가. 주권 국가 정상들 간의 축하 전화인데 웬 야단법석이냐고 의문을 가질지도 모른다. 하지만 통화의 주체가 한쪽은 미국 대통령이고, 다른 한쪽은 대만 총통이기 때문이다. 1979년 미중 국교가 수립되는 과정에서 미국과 국교가 단절된 대만이 미 대통령 당선자와 직접 통화하는 초유의 사태가 발생한 것이다. 중국은 대만을 주권국가로 인정하지 않고 중국의 일부라는 '하나의 중국 원칙 One China policy'을 주장해 왔다.

미국도 1970년 초 닉슨 대통령이 베이징을 방문하여 마오쩌둥 주석과 만나면서 새로운 미중 관계를 설정하는 과정에서 중국을 대표하는 것은 베이징에 수도를 둔 중화인민공화국People's Republic of China 오로지 하나뿐이라는 중국의 주장을 수용했다. 그 대가는 UN 등 주요 국제기구에서 중화민국Republic of China의 퇴장으로 이어졌다. 가장 상징적인 것은 UN 안전보장이사회의 상임이사국 지위에서의 축출이다. 그 자리에는 대신 중화인민공화국이 들어 왔다.

이 대목에서 예리한 독자들은 의문을 제기할 것이다. 그렇다면 '하나의 중국 원칙'을 주장하는 중국이 있는데 어떻게 대만은 WTO에 가입했느냐고 말이다. 이는 날카로운 질문이다. WTO는 주권국가 이외에도 독립적으로 관세를 결정하는 지역 단위도 회원국^{영어로} member. member country라고 절대 _{사용하지 않는다}으로 가입할 수 있다. 대만은 중국 관점에서 주권국가가 아니지만 WTO 관점에서는 회원국이 될 수 있다. 그래서 중국도 대만의 WTO 가입을 용인했다.

대신 중국보다 먼저 회원국이 될 수 없다는 입장을 중국이 고수했기 때문에 대만의 가입 협상은 중국보다 먼저 타결되었지만 WTO 가입 순서는 중국 다음이 될 수밖에 없었다. 중국이 2001년 11월 가입한 후, 대만은 '차이니스 타이베이^{Chinese Taipei}'란 명칭으로 2002년 1월 WTO에 가입했다. 주권국가가 아닌 대만이 WTO 회원국이 될 수 있었던 것과 같은 형식 논리로 홍콩, 마카오도 각각 WTO에 가입했다.

비슷한 상황은 아시아태평양경제협력체^{APEC, Asia Pacific Economic Cooperation}에서도 마찬가지였다. 1989년 아시아 태평양 연안 국가들의 경제 협력을 도모한다는 목적으로 출범한 APEC에 대만은 중국과 같이 가입된 회원국이다. APEC에서 회원국은 공식 용어로 'member economy'이다. 'member country', 'member state'가 아니다. 이 공식 명칭에 중국은 극도로 민감하게 반응했다.

그래서 APEC 회원국들의 최고정치지도자 및 행정부 수반이 참석하는 APEC 정상회의의 공식 명칭은 'APEC Economic Leaders Meeting'이다. 국가 최고지도자들의 공식 회동을 의미하는 'summit'이란 명칭은 어디에도 없다. APEC에서 대만은 '차이니스 타이베이'라는 이름으로 불린다. 대만이 아니다.

트럼프 – 차이잉원 전화 통화를 두고 대만을 주권국가로 인정하지 않는 중국은 발끈했다. 중국 외교부장 왕이王毅는 중국의 하나의 중국 원칙에 조금도 흔들림이 없다고 확인까지 했다. 대만 정부 역시 대만과 중국 사이엔 갈등이 없다는 대변인 성명을 발표했다. 임기를 한 달 남짓 남겨둔 오바마 대통령은 중국의 하나의 중국 원칙을 존중한다고 서둘러 진화에 나섰다. 하지만 트럼프는 미국은 그런 정책을 준수할 필요가 없다고 맞받아쳤다.

트럼프와 차이잉원 간의 통화에 대한 미국 내 반응은 엇갈렸다. 쓸데없이 중국을 자극한다는 평가와 함께 더 이상 중국에 끌려만 가서는 안 된다는 지지가 상반되었다. 스스로 최고 협상가라고 추켜 세우는 트럼프가 대통령에 취임하기 전, 핵심 공략 대상인 중국을 자극하여 레버리지를 확보하려 한다는 사실은 분명했다.

그러나 전략strategy과 한 수move는 구분해야 한다. 트럼프의 대만 총통과의 전화 통화라는 '한 수'는 중국과의 게임을 어떻게 풀어갈 것이라는 충분히 고심하고 결정된 '전략'에서 나온 것일까. 트럼프는 중국이 가장 민감하게 생각하는 문제가 대만임을 알고 있었을까.

차이잉원과의 통화 이전 20세기 초반으로 거슬러가야 하는 중국과 대만 간의 오래되고 복잡하게 얽히고설킨 사정에 대해 트럼프는 충분히 브리핑을 받고 제대로 숙지한 상태에서 통화를 했을까. 트럼프-차이잉원 전화 통화 논란을 두고 정치평론가인 파리드 자카리아Fareed Zakaria는 다음과 같이 지적했다. 물론 이는 일맥상통하는 분석이다.

"미국은 중국에게 레버리지를 확보해야 한다. 많은 쟁점에서 미국은 중국을 강하게 밀어붙여야 한다. 여기서 핵심은 그런 것들이 심사숙고해서 세워진 전략에서 나와야 한다는 것이다."

트럼프에게 무역전쟁은 적폐 청산이다. 더불어 트럼프에게 무역전쟁은 성전Holy War이다. 2018년 3월 7일, 트럼프는 다음과 같은 트위터를 날렸다.

'부시 대통령1988년 취임한 부시 일가의 첫째 대통령. 그의 아들 부시는 2000~2008년 동안 미 대통령이었다 때부터 오바마 대통령까지 미국은 5만 5,000개의 공장을 잃었고, 600만 개의 제조업 일자리를 빼앗겼다. 또한 12조 달러의 무역 적자마저 쌓였다. 작년에는 8,000억 달러의 무역수지 적자를 기록했다. 이것은 모두 나쁜 정책, 나쁜 리더십 때문이다. 미국은 다시 이겨야 한다.'

트럼프의 트위터 글은 주로 깜깜한 새벽에 날아온다. 이번 것은 새벽 3시 40분에 썼다. 트럼프의 숫자 인용은 주로 부정확하고 과장된 것으로 정평이 나 있다. 이번 경우에도 그리 다르진 않았다. 하지만 그가 전달하려는 메시지는 분명했다. 자신은 미국의 망가진 제조업을 살려내는 최초의 대통령이 되겠다는 것이다.

트럼프가 제조업 일자리 숫자를 들먹일 때마다 반드시 등장하는 또 다른 숫자가 있다. 무역수지 적자! 그의 머릿속은 '제조업 일자리 상실 = 무역수지 적자'라는 등식으로 프로그램 되어 있다. 미국 무역수지 적자의 무려 절반을 안겨주는 중국을 그냥 두고 미국 제조업을 회복시키려는 그의 성전이 승리할 수는 없다.

트럼프의 무역전쟁은 쇠퇴해가는 제조업 대국의 명성을 되찾는 역사적 전쟁이다. 트럼프 임기 초반 국가경제자문위원장이었던 게리 콘Gary Cohn은 트럼프에게 미국은 제조업 대국이 아닌 서비스 대국이며, 세계 무역은 미국이 강한 서비스 분야를 더욱 강하게 한다는 견해를 가지고 있었다. 미국의 거대 금융회사인 골드만삭스Goldman Sachs 회장 출신답게 게리 콘의 경제관은 미국 파워엘리트들의 경제관과 같은 주류 경제관이었다. 자유무역 체제에서 미국의 강점은 금융, 법률, 지식 서비스 등을 세계로 수출하여 더 많은 일자리를 만들어내고 더 높은 소득을 가능케 하는 것이라는 관점을 트럼프에게 심어주려던 게리 콘의 노력은 제조업이야말로 미국의 핵심이라는 트럼프의 고집에 막혔다.[22]

'서비스 대국인 미국은 철강, 자동차 등 전통적인 제조업의 부진을 염려할 필요가 없다. 미국은 강점인 서비스 산업을 더욱 성장시키고, 제조업 분야는 독일, 한국, 일본 등 비교우위를 가진 국가들이 더 성장시켜 국제 무역을 통해 주고받으면 누이 좋고 매부 좋은 것win-win이다'는 게리 콘의 주장은 백악관에서 한 걸음도 앞으로 나가지 못했다. 막무가내인 트럼프에 대해 콘은 왜 그렇게 제조업에 집착하는지 물었다. 트럼프의 대답은 의외로 간단했다. "그냥 제조업이 좋다." 연기를 내뿜고 달리는 기관차, 하늘 위로 새까만 연기를 날리는 제철소, 뜨거운 화염을 토해내는 용광로, 이런 제조업이야말로 미국의 상징이라는 트럼프에게 자유무역은 미국의 상징을 파괴시키는 적일 뿐이었다. 그 적들 중 주적은 중국이었다.

트럼프의 중국 공세, 자신감의 근거

오바마 집권 8년 동안 미국은 중국을 더 개방시키는 데 실패했다. 미국 시장에 비해 중국은 '닫힌 시장'이다. 농산물, 공산품 등 주요 소비재들의 수입 관세가 높을 뿐만 아니라 중국의 명시적·암묵적 비관세 장벽도 악명이 높다. 세계 투자자들은 중국의 지속적인 성장과 시장 규모에 홀려 중국행을 선택하지만 중국 정부는 그런 외국인 투자자들에게 중국 기업과 동등한 대우를 보장해주지 않는다.

WTO 가입 협상에서 중국은 많은 분야에서 지속적인 자유화를 약속했지만 이미 WTO에 자리를 확보한 중국에게 그 약속 이행은 의무가 아닌 후속 협상의 대상일 뿐이다. 이러한 중국의 변심은 미국 정가에 중국을 손봐야 한다는 강경 기류를 만들어냈다.

도표 18. 중국에 대한 미국인의 호감/비호감 조사

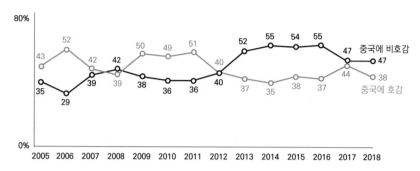

자료: Spring 2018 Global Attitudes Survey. Q17b.
PEW RESEARCH CENTER

트럼프의 최대 무기는 미국 내 반중 무드이다. 지난 2016년 대선에서 공화, 민주 양당 모두 초강경 대중 무역 정책을 천명했다. 중국 손보기에 관해서는 초당적인 합의가 형성되어 있다. 권위를 자랑하는 미국 여론조사기관인 퓨리서치센터Pew Research Center는 미국 내 반중 기류가 어떻게, 그리고 얼마나 형성되어 왔는지를 잘 보여준다. 2005년 중국을 호의적으로 보던 미국인은 43%로, 비호의적으로 보던 사람의 35%를 압도했다. 그로부터 10년 후인 2015년 미국 대선 직전 중국에 호의적인 사람 38%, 중국에 비호의적인 사람은 54%로 역전되었다.

퓨리서치센터에 따르면 2013년부터 반중국 비율이 친 중국 비율을 압도하기 시작했다는 것이다. 공교롭게도 2013년은 시진핑이 집권한 첫해다. '신형대국관계'를 내세워 중국을 아시아 지역의 패권 국가로 인정하라는 중국의 공세적인 대외 정책이 본격화되고 중국의 개혁과 개방이 확연히 후퇴하기 시작했다는 분석이 봇물 터지듯 터져 나오기 시작한 그 시점이다.

트럼프의 통상 정책은 기존 미국의 통상 정책과는 확연히 다르다. WTO 체제 안에서 불공정 무역에 대처해 오던 미국의 전통적 접근법과 결별했던 것이다. 트럼프는 철저하게 미국의 힘의 우위를 신봉하고 시간이 걸리고 효력도 의심스러운 WTO 다자체제를 불신한다. 대신 양자적인 접근을 선호한다.

무역수지에 관해서라면 동맹과 비동맹의 구분도 그에게는 무의미하다. 트럼프 대통령의 통상 정책에서 WTO와 동맹, 규범은 없다. 그런 신사적인 방법으로는 미국의 막대한 무역수지 적자와 중국의 질주를 막을 수 없다고 확신한다. WTO를 통한 분쟁 해결보다 양자 관계에서의 압박을 선호한다는 것이다.

동맹국들과의 연합을 통해 중국과의 불공정 무역 문제를 해결하는 것이 더욱 효과적이고 명분도 있다는 논리는 트럼프 대통령에겐 그저 약자의 논리에 불과하다. 미국이 가장 힘이 센 나라인데 그냥 맞상대하는 편이 더 낫다고 믿는다. 동고동락의 기억을 가진 동맹, 미국이 주도해온 다자 규범과 제도는 트럼프 대통령에게는 의미가 없다. 트럼프 대통령에게 동맹이란 막대한 무역수지 적자를 안겨주고 방위비 분담금도 제대로 내지 않는 무임 승차꾼일 뿐이다.

트럼프의 신병기: 무역확장법 232조

트럼프 행정부 이전의 미국 역대 행정부에서도 무역수지 불균형 해소를 위해 공세적인 통상 압력을 행사해왔다. 1980년대 레이건 행정부를 시작으로 부시, 클린턴 행정부 모두 '슈퍼 301조'를 내세워 미국 기준의 '불공정 무역 국가'와 '불공정 무역 관행'을 지목하고, '시장 개방 아니면 통상 보복'을 강요했다.

트럼프 대통령에게 슈퍼 301조는 바로 1962년에 제정된 무역확장법 Section 232이다. 국가 안보를 이유로 무역 제한 조치를 발동할 수 있는 232조는 냉전시대의 산물이다. 트럼프 대통령은 자신의 지지기반인 러스트벨트의 쇠락한 제조업과 연계된 철강, 알루미늄, 자동차 등에 대해 232조를 꺼내드는 것을 주저하지 않는다.

지난 3월 트럼프는 결국 232조 카드를 꺼냈다. 모든 수입 철강에 25% 관세를 부과하면서 글로벌 통상 질서의 시계추를 냉전시대로 회귀시켰다. 이제 232조는 세계 무역에서 가장 큰 비중을 차지하는 자동차로 향하고 있다.

트럼프는 232조를 적용함에 있어서 동맹국과 비동맹국을 구분하지 않는다. 동맹국으로부터 수입이 왜 국가 안보에 위해가 되는지에 대해서는 논란의 여지가 있지만 트럼프 대통령은 개의치 않는다. 그는 집권 초부터 제조업 분야에서 수입을 줄이는 한편, 외국 기업들의 대미 투자를 늘리겠다는 점을 분명히 해왔다. "미국산 물건을 더 많이 구매하고, 미국인을 더 많이 고용하라Buy American, Hire American"는 것이 그의 핵심 공약이었다. 232조가 겨냥하는 것은 외국 기업들이 미국에 더 많은 공장을 건설하도록 함과 동시에 그들의 대미 수출 물량을 자발적으로 줄이도록 하는 것이다.

2016년 대선 과정에서 트럼프는 '중국이 미국의 일자리를 강탈해 가고 있다'라고 날을 세웠다. 그의 통상 분야 공약은 대중국 통상 전쟁 선언이었다. 미국 전체 무역수지 적자의 거의 절반을 차지하는 중국을 외국 제품의 수입을 제한하고, 자국 기업에게 유리하도록 외국 기업을 차별하고, 지식재산권을 도용하며, 기술 이전을 강요하고, 통화 가치를 조작하는 '불공정한 깡패국가'로 치부하며 맹렬히 공격했다. 강경한 대중 무역 공세는 미국 중서부의 쇠락한 공업지역의 '앵그리 화이트Angry White, 저학력 및 저숙련 백인 노동자'들의 지지를 이끌어내어 트럼프의 백악관 입성을 가능케 했다.

무슨 생각으로 트럼프는 무역전쟁을 선포했을까?

《전쟁론Vom Kriege》으로 유명한 군사전략가 카를 폰 클라우제비츠Carl von Clausewitz는 지금도 인구에 회자되는 명언을 남겼다.[23]

"전쟁은 또 다른 방법을 동원한 정치의 연장이다."

트럼프의 무역전쟁은 정치의 연장이다.

그렇다면 트럼프는 무엇을 노리는 것일까?

1. 중국과의 전쟁은 자신만이 할 수 있는 역사적인 전쟁

트럼프는 미국 대통령 중 누구도 하지 못했던 중국 길들이기를 하겠다고 한다. 2018년 4월 이번에도 새벽에 날린 그의 트위터 내용은 아래와 같다.

'우린 중국과의 무역전쟁에서 이미 수년 전에 패했다. 우매하고 무능력한 지도자들을 내세워서 미국은 졌다. 중국은 미국에게 연간 5,000억 달러의 무역수지 적자_{그 숫자는 이번에도 과장되었다}라는 치욕을 안겼고, 훔쳐 간 지식재산권만 3,000억 달러의 가치에 달한다. 우린 이런 치욕적인 상황을 더 이상 견딜 수 없다.'

트럼프는 중국 길들이기를 한 최초의 대통령이 되고 싶어 한다. 그 역사적인 과업의 성공 여부를 무역수지 축소라는 평가 기준을 통해 스스로 부여했다.

2. 중국 때리기로 지지층 결집

트럼프는 미국 내 반중국 정서의 냄새를 맡았다. 20세기 초반 세계 최대 경제 대국으로 등극하고 세계대전을 승전으로 이끌면서 자유 진영의 리더였던 미국, 원조 공산주의 국가인 소련과의 체제 대결에서 승리하여 그 누구도 넘볼 수 없는 유일한 패권국의 지위를 확고히 했던 미국. 그 미국이 21세기의 두 번째 10년이 채 끝나기도 전에 도전자를 만났다. 바로 중국이라는….

그 중국의 지금은 미국이 키워준 것이다. 순한 양이 되라고 키웠는데 주인을 위협하는 늑대가 되었던 것이다. 트럼프에게 중국은 미국에게 엄청난 무역수지 적자를 안기고, 미국 제조업 일자리를 빼앗아가는 불량한 존재이다. 미친 늑대에는 몽둥이가 약이라는 생각을 가진 트럼프의 중국 몰아붙이기에 그의 지지자들은 환호한다.

3. 문제 해결사 이미지로 재선 노리는 트럼프

1979년 중국과의 국교 수립 이후 미국은 대중국 포용정책을 추진해왔다. 중국 경제가 미국의 10%에도 미치지 못했을 때 미국은 아량으로 중국의 반칙, 변칙을 퉁 크게 용인했다. 중국을 몰아붙이면 중국의 개혁에 역풍이 분다는 논리가 미국 정치를 압도했다. 압도적 우위를 자랑하는 패권국가가 베풀 수 있는 아량이었다.

하지만 중국의 비약적인 성장세가 계속되자 미국은 중국의 반칙에 민감해졌다. 결국 WTO 제소를 본격화했다. WTO 제소는 시간이 걸리지만 중국에게 미국이 보내는 경고장이기도 했다. 중국의 노골적인 반칙과 변칙이 이어져도 여전히 중국포용론이 중국강경론을 압도했다.

중국 내 개혁가들의 입지를 위축해서는 안 된다는 주장이 여전히 통용되었다. 중국의 개혁과 개방이 생각보다 더뎌지고 있지만 인내심을 가지고 더 기다리자는 '전략적 인내론'이 등장했다. 오바마 8년 동안 중국은 더 대담해졌고 미국의 방어선은 계속 뒤로 밀려났다. 더 이상 밀리면 미국의 시대는 막을 내린다는 위기감이 워싱턴 정가를 지배하고 있다. 트럼프가 중국을 몰아붙여 중국에게 일방적으로 유리하게 기울어진 운동장을 편평하게 만들면 그는 영웅으로 재탄생할 참이다. 그의 재선 가도에는 청신호가 켜진다.

트럼프는 어느 미국 대통령도 하지 못한 방법으로 중국을 협상장으로 이끌어내는 데 성공했다. 트럼프가 꺼내든 카드는 관세였다. 관세 인상으로 중국을 압박하여 스스로 협상장으로 나오도록 만드는 것이다. 미국의 대중국 관세 인상에 중국이 맞대응으로 나오더라도 중국의 미국 수출액이 미국의 중국 수출액보다 압도적으로 많기 때문에 중국은 미국의 요구를 순순히 들어주든지 아니면 협상장으로 나올 것이라는 것이 그의 생각이었다.

관세 인상에는 명분이 필요하기 때문에 미국은 중국의 지식재산권 위반 조사 개시를 2017년 여름에 시작했다. 중국이 미국의 지식재산권을 지속적으로 조직적으로 대규모로 도용했다는 조사 보고서가 나온 2018년 3월, 미국은 대중국 무역전쟁을 선포하였다. 트럼프는 미국을 무역수지 적자로 만든 국가와 무역전쟁을 벌이는 것은 선한 것이라고 말한다. 또한 그 전쟁은 쉽게 이길 수 있다며 의기양양하게 자신의 트위터에 올렸다.

'미국이 거의 모든 나라와 무역에서 수천억 달러 적자를 기록하고 있는 상황에서 무역전쟁은 좋은 것이다. 그리고 쉽게 이길 수 있다. 예를 들어 미국이 어느 국가와의 무역에서 1,000억 달러 적자를 보고 있다

면 그 국가와 무역을 중단하면 우린 이긴다. 얼마나 쉬운가!'

트럼프 협상의 특징

부동산 사업가로 트럼프 왕국을 건설한 트럼프의 성공 비결은 상대방의 허를 찌르는 협상의 기술 덕분이라고 트럼프 스스로 믿고 있다. 그는 40대에 《거래의 기술The Art of the Deal》을 펴내면서 일약 유명해졌다.[24] 트럼프의 그간의 행태에 투영해본 그의 협상은 다음과 같은 특징을 가지고 있다.

1. 원칙, 제도, 절차보다 직거래를 원한다

무엇이 정당하고 무엇이 부당한지의 준거가 되는 원칙, 사회 구성원들이 합의한 제도, 일을 진행시키는 정해진 절차…. 이런 것들이 트럼프에겐 그리 중요하지 않다. 그에게 원칙, 제도, 절차는 굳이 지키지 않아도 되는 것, 피할 수 있으면 피하고 싶은 것이다. 대신 그는 거래를 사랑한다. 자신에게 더 유리한 결과를 가져다줄 수 있다면, 원칙을 지키고 절차를 따른 결과를 수용하기보다 자신이 주도할 수 있는 직접적인 거래를 사랑한다.

2. 항상 레버리지를 추구한다

그런데 트럼프의 거래는 특이하다. 내가 원하는 것만 얻고, 상대에겐 줄

144 • 미중전쟁의 승자, 누가 세계를 지배할 것인가? **미국편**

려고 하지 않는다. 그러기 위해서는 항상 상대보다 내가 압도적인 우위에 있어야 한다. 그래서 트럼프가 사랑하는 것은 연계 전략이다.

NAFTA 개정 협상을 이끌어내고 타결하기 위해 철강 관세 폭탄을 날린다. 한미 FTA 개정 협상을 압박하기 위해 방위비 분담금을 더 많이 내라고 틈만 나면 트위터를 날린다. 철강 관세 폭탄 역시 동원된다. NAFTA 체결 당사자인 캐나다, 멕시코 모두 개정 협상에는 결사반대였다. 한미 FTA 개정을 한국 정부는 끝까지 버텼다. 철강 관세 폭탄 투하를 위해 트럼프는 1962년 제정된 무역확장법의 '국가안보' 조항을 근거로 들어댔다. 이 조항을 찾아낸 것은 그의 무역전사인 미국무역대표부 대표 로버트 라이트하이저^{Robert Lighthizer}이다. 냉전시대에 제정된, 이젠 먼지가 쌓인 232조^{Section 232}였다. 어떻게 동맹국 간의 무역 거래가 안보 위협이 되는지에 대해 비판적인 여론이 비등하지만 트럼프는 개의치 않는다. 그에게는 무역수지 적자를 안겨주는 독일은 동맹국이지만 중국과 다름없이 '나쁜 국가'이다. 상대에게 적게 주고 자신이 원하는 것을 더 많이 얻기 위해 트럼프는 지금도 골몰하고 있다.

3. 자신만이 협상을 성사시킬 수 있다고 믿는다

미국의 무역 협상은 미국무역대표부, 즉 USTR의 몫이다. 과거 가장 중요했던 중국의 WTO 가입 관련 미중 무역 협상도 USTR의 몫이었다. 클린턴 대통령은 나서지 않았다. 협상의 중대한 고비에서도 미국 대통령은 협상 전권을 실무 최고책임자를 믿고 맡겼다. 하지만 트럼프는 다르다. 자신만이 협상을 성사시킬 수 있다는 생각으로 가득 차 있다. 여차하면 실무협상가를 제치고 자신이 뛰어들 태세이다.

트럼프는 미 대통령으로 미중 무역전쟁을 진두지휘하고 있다. 그는 부동산 업자가 아니다. 그런데 그의 협상 방식은 작전지휘관이 아니라 부동산 사업가 같다. 트럼프는 미국이 가진 제도적 장치를 제대로 활용하지 않는다. 당선자 신분 때 캐리어 사례의 경우에서 보여주었듯이 토론하고 정책을 만들고 입법 과정을 거치는 절차적 정당성 따윈 아랑곳없다. 그래서 대통령 직권으로 추진할 수 있는 행정 명령이 남발되고 있다. 자신만이 협상할 수 있다는 무지막지한 자존감은 국가 간 협상에는 방해가 될 수 있다.

미중 수교 40년간 중국에게 양보만 해온 미국. 중국은 이제 턱밑까지 추격해왔다. 절차적 정당성이라는 명분의 틀 속에 스스로를 가두면서 중국에게 계속 밀려온 미국. 시간이 흐를수록 운동장은 조금씩 중국에 더 유리하게 기울어져 갔다. 이제는 운동장이 너무 기울어졌다. 이전 그 누구도 상상하지 못하던 방식으로 트럼프는 중국을 협상장으로 끌어내는 데까지는 성공했다. 그는 기울어진 운동장을 편평하게 만들 수 있을까. 트럼프는 미국을 구할 수 있을까.

트럼프 대 시진핑
'어공' vs '늘공'의 시간싸움

#1. 2018년 3월 22일, 워싱턴, 백악관

'중국의 경제침략 저지' 대통령 각서 서명식에 참석한 USTR 대표 로버트 라이트하이저.

"기술은 미국 경제에서 가장 중요한 분야이다. 4,400만이 하이테크 분야에 종사하고 있다. 지구상 어느 나라도 미국처럼 기술집약적인 산업 구조를 가진 나라는 없다. 기술은 미국 경제의 미래 핵심이다. 중국은 미국 기업에게 기술 이전을 강제하고, 시장가치보다 낮은 가격으로 기술 허가를 강요하고, 미국에 와서 비정상적인 방법을 동원하여 기술을 사들이고, 사이버 도둑질^{cyber theft}을 한다.”

#2. 2018년 5월 8일, 제네바

WTO 일반이사회에 참석한 미국의 WTO 대사 데니스 시아^{Dennis Shea}

“중국은 개방적이고 공정한 세계 통상 체제를 저해하는 정책을 지속적
으로 추진해왔다. 중국 시장의 진입 장벽은 헤아릴 수 없을 만큼 많고,
기술 이전을 강제하고, 지식재산권은 유례없을 정도로 훔쳐 가고, ‘중
국제조 2025’라는 차별적 산업 정책을 추진하고, 자의적으로 기술 표
준을 정하여 외국 기업을 차별하고, 정부 보조금을 마구잡이로 쏟아부
어 핵심 산업 분야에 만성적인 공급 과잉을 초래하고, 외국인 투자는
극도로 제한하고 있다.”

2017년 8월, 트럼프 대통령은 중국이 미국의 지식재산권을 침해한다면
서 301조^{Section 310} 조사 개시를 명령한 이후 중국을 정조준 해왔다. 6개월이
넘는 조사 끝에 2018년 3월 2일 내놓은 USTR 301조 보고서는 무려 215페이
지에 걸쳐 중국의 위반을 조목조목 제시했다. 그 핵심은 다음의 네 가지로 요
약된다.

1. 중국은 합작 투자, 외국인 지분 제한, 행정 심사, 허가 등 외국인 투자

제한 제도를 사용하여 외국 기업들로부터 기술 이전을 요구하거나 압박한다.

2. 중국은 미국 기업이 중국 기업에게 비정상적인 조건으로 기술을 허가하도록 강요한다. 중국 기업이 다른 중국 기업에 기술을 허가하는 조건보다 더 불리하게 강요한다.

3. 중국 정부는 첨단 기술과 지식재산권을 획득하여 중국 기업에 이전하기 위한 목적으로 중국 기업들의 해외 투자와 인수 합병을 조직적으로 추진하고 지시한다. 여기에는 중앙 정부, 지방 정부 모두 깊숙이 개입되어 있다.

4. 중국은 미국 기업의 전산망에 침투하여 민감한 영업 정보, 기업 기밀을 빼내 간다.

미국은 중국의 만성적이고 천문학적인 무역수지 적자만을 노리는 것이 아니다. 중국의 기술굴기를 막지 못하면 경제 패권이 위협받는다는 위기의식을 가지고 있다. 중국과의 무역 협상 최전선에 서 있는 라이트하이저 대표의 발언, WTO에서 중국의 무역 정책 감시와 견제의 최전선에 있는 시아 대사의 발언은 중국의 무역 정책에 대한 미국의 불만의 핵심이 어디에 있는지를 여과 없이 보여주고 있다.

문제는 이들 분야에 대한 미국의 불만이 새삼스러운 것이 아니라는 사실이다. 오바마 행정부 내내 미국은 같은 문제를 틈날 때마다 제기해왔지만 중국은 이런저런 핑계로 요리조리 빠져나왔다. 트럼프가 쏘아 올린 관세 폭탄이 아니면 중국은 협상 테이블에 앉지 않았을 것이다. 이제 미국은 어떻게 중국을 압박할 것인가? 중국은 미국의 요구에 어떻게 대응할 것인가?

미중 무역전쟁, 어디로 갈까?

미중 무역전쟁이 어떤 경로로 진행될지, 어떤 결말을 향해 나아갈지를 예측하긴 쉽지 않다. 그러나 두 가지는 예측 가능하다. 첫째 미중 무역전쟁은 미국의 중간선거 이후에도 계속될 것이다. 둘째 미중이 타협하더라도 그것은 휴전일 뿐 종전이 아니다.

트럼프에게는 하루 10억 달러에 달하는 대중 무역수지 적자를 감소시켜 어떤 미국 대통령도 해내지 못한 '해결사' 이미지를 각인시키는 것이 무엇보다 중요하다. 그의 재선도 여기에 달려 있다. 트럼프 재임 기간에 대중 무역수지를 획기적으로 줄일 수 있는 방법은 수출입 물량 제한밖에 없다. 문제는 트럼프가 무역수지 적자 해소 약속을 중국으로부터 받아내고 승리를 선언해도 미국 여론은 싸늘할 것이라는 점이다.

시진핑 집권 이후 중국 개혁 개방의 실질적 후퇴, 정치 억압의 강화 속에 중국이 미국 주도 세계 질서에 도발과 도전을 공식화하자 미국 파워엘리트들은 그간 중국의 변화 가능성에 대한 자신들의 생각이 비현실적이었다는 결론에 도달했다. 중국 강경론에 초당적 합의가 이루어지고 미국 내 외국인 투자 심사를 한층 강화하는 입법안을 통과시켰다.

국가 안보를 위협하는 인수합병만 선별적으로 심사하던 제도는 기술 관련 신규 투자까지 광범위하게 포함하는 것으로 바뀌었다. 미중 무역전쟁에 부정적이던 미국 기업들도 '중국제조 2025'로 대표되는 중국의 산업 정책이 불법 · 탈법 · 불공정하다는 강경 기류로 전환했다.

중국 시스템이 더 개방적 · 개혁적 방향으로 선회하지 않는 이상 어떤 협상도 불완전할 수밖에 없다. 중국은 자국 핵심이익에는 타협할 수 없음을 분명히 하고 있다. 기술 자립을 목표로 하는 중국제조 2025는 정당한 산업 정책이며 미국의 지나친 간섭은 용납할 수 없다고 선을 긋고 있다. '숫자는 조정할 수 있지만 시스템은 협상의 대상이 아니다'라는 것이 중국의 일관된 입장이다.

중국의 트럼프 읽기

2017년 1월, 백악관 집무 시작 즉시 미국을 TPP에서 탈퇴시킨 트럼프를 보고 중국 지도부는 환호작약했다. 대선 유세 내내, 전임 행정부의 무역 정책을 싸잡아 몰아세운 트럼프에게 TPP는 오바마의 구상이었던 '중국이 21세기 무역 규칙을 쓰게 할 수는 없다'는 중국 견제전략이 아닌, 잘못된 무역 정책일 따름이었다. TPP에서 미국의 탈퇴가 얼마나 심각한 전략적인 후퇴인지, 동맹에게 어떤 신호를 보내는 것인지를 잘 알고 있는 그의 보좌관들의 만류에도 불구하고, 트럼프는 미국의 TPP 탈퇴를 공식화하는 대통령의 행정명령에 서명했다. 토론이 필요하지 않냐는 보좌관들의 제안에 트럼프는 화를 냈다. "대선 공약이야! 무슨 토론이 더 필요해!" [25]

그런데 중국 지도부는 하나는 알고 둘은 알지 못했다. 트럼프는 TPP에서 미국을 탈퇴시켰지만 대중국 강경공약을 포기한 것은 아니었다. 여러 나라가 연합한 복수국 간 무역 협정 따위는 트럼프에게 시간 낭비로 보였다. 세계 최고 경제 대국인 미국의 힘의 우위에 의존한 양자협상을 밀어붙여야 한다는 것이 그의 생각이었다. 따라서 TPP 포기는 새로운 대중국 전략의 시작에 불과했다.

2017 트럼프-시진핑 최초의 만남

2017년 4월 시진핑 주석은 미국 플로리다 마라라고에서 트럼프 대통령과 최초 정상회담을 가졌다. 회담 직전 분위기는 어수선했다. 트럼프는 중국을 거세게 몰아붙일 것임을 여러 차례 예고했다. 태평양을 가로질러 마라라고로 날아오는 내내 중국 측은 불안감을 떨치지 못했다.

정작 뚜껑을 열어보니 트럼프는 시진핑과의 첫 번째 회담에서 아무런 구체적인 성과를 내지 못했다. 무역수지 적자 해소를 위한 100일 계획이 발표되었지만 알맹이는 없었다. 미국 내 반응은 차가웠다. 무역수지 적자 해소를 위한 협의를 시작한다고 했지만 어떤 방식으로 논의가 진행되는지도 깜깜했고, 중국 시장 개방, 강제 기술 이전, 사이버 절도 등의 핵심 쟁점은 말만 무성했다. 일각에서는 북한 핵 문제에 대한 중국의 협조를 구하기 위해 트럼프가 중국을 강하게 압박하지 않았다는 관측도 제기했다.

정작 중국을 당황하게 한 것은 무역 이슈가 아닌 트럼프의 시리아 공격이었다. 트럼프-시진핑 만찬이 한창 진행되고 있을 때 트럼프는 시진핑에게 시리아 공군기지를 향해 크루즈 미사일 공격을 했다고 알렸다. 민간인에게 화학무기를 사용한 알 아사드 정부에 대한 응징이라고 트럼프는 설명했다. 국빈 만찬장에서 벌어진 의외의 사태에 시진핑 주석은 제대로 대응할 여유조차 없었다.

트럼프의 무역전사, 라이트하이저

트럼프의 무역전쟁을 이끌고 있는 미국 무역전사는 USTR 대표 라이트하이저이다. 그는 미중 무역전쟁을 어떻게 끌고 갈 생각일까? 그의 이력과 머릿속을 들여다보면 단서가 보인다.

라이트하이저를 이야기할 때 철강을 빼놓고는 이야기할 수 없다. 그의 출생지는 미국 철강 산업의 거점인 오하이오주, 최초 공직인 USTR 부대표 시절 일본과 철강 협상을 했고 짧은 공직 생활을 접고 30여 년 변호사 경력을 미국 철강 산업과 더불어 살았다. 한때 미국의 자부심이던 철강 산업. 미국이 20세기 초반 세계 최고 자동차 산업과 조선 산업을 만들어낼 수 있었던 핵심 기반을 제공했던 철강 산업. 그 철강 산업은 1980년대부터 외국의 거센 도전에 휘말리면서 생존을 위한 힘겨운 싸움을 벌여 왔다. 평생을 미국 철강 산업을 위해 싸운 투사인 라이트하이저의 세계 무역 체제를 바라보는 시각, 특히 중국에 대한 시각은 그의 여정의 투영이다.

라이트하이저는 지독한 현실주의자이다. 자유 무역 체제가 모든 국가에게 좋은 것이라는 견해를 수용하지 않는다. 자유 무역 체제의 근간인 WTO를 철저히 불신하고 자유 무역 체제와 WTO 최대 수혜국인 중국을 철저히 경계한다.

20세기 후반을 지배했던 냉전이 소련의 붕괴와 동구 공산 진영의 파탄으로 끝난 후, 이젠 더 이상 체제 경쟁은 없다는 '역사의 종언end of history' 선언은 서구 엘리트들의 자만과 지적 허영의 극치이다. 그런 역사 인식 때문에 미국은 중국이 민주주의와 자본주의로 변화할 것이라 오판했다. 그런 허영심이 중국 체제의 실상을 제대로 파악하지 못하게 만들었다.

라이트하이저는 1983년 레이건 행정부에서 USTR 부대표에 임명되었다. 그의 주요 임무는 일본과의 협상이었다. 당시 30대였던 그는 강압적인 태도로 일본을 몰아붙이는 것으로 유명세를 탔다. 일본과의 협상장에서 일본 제안서가 마음에 들지 않아 제안서를 접어 종이비행기로 만들어 일본 측을 향해 날렸다는 일화가 전해진다.[26]

그의 USTR 경력은 짧았다. 1985년 라이트하이저는 미국 최대 법률회사 스캐든 압스Skadden, Arps, Slate, Meagher & Flom에 합류한다. 21017년 트럼프 대통령이 그를 USTR 대표에 임명할 때까지 무려 30년 이상 그는 이 법률회사에서 보냈다. 미국 철강 산업 관련 무역 분쟁이 주 업무였다. 국제 경쟁에서 밀리고 있는 미국 철강 산업은 각종 무역 장치를 최대한 활용하여 일본, 한국, 브라질, 아르헨티나 등으로부터 수입되는 질 좋고 싼 철강 제품과의 경쟁에서 살아남으려고 안간힘을 쓰던 시절이었다.

외국 철강과의 경쟁에서 밀리고 있던 미국 철강 산업을 위해 그는 모든 법률적 구제 장치를 총동원했다. 미국 제품보다 낮은 가격에 판매되고 있는 외국 수입 철강에 덤핑 의혹을 제기하고, 외국 정부가 불법적 보조금을 주고 있다고 공격했다. 이도 저도 통하지 않으면 국내 철강 산업을 보호하기 위한 한시적인 조치가 필요하다면서 외국 철강 제품의 긴급수입제한조치세이프 가드를 요청했다.

라이트하이저는 중국의 WTO 가입에 결사반대였다. 그는 중국의 WTO를 지지하고 있던 클린턴의 대통령 재선을 막으려고 공화당 대선 후보였던 밥 돌Bob Dole의 유세를 적극 지지했다. 클린턴은 중국의 WTO 가입에 대한 장밋빛 전망을 숨기지 않았다.

'중국의 WTO 가입은 미국 제품을 더 많이 수입한다고 합의한 그 이상
이다. 중국은 민주주의의 가장 소중한 가치^{경제 자유}를 수입하기로 합의
한 것이다. 중국이 그들의 경제를 자유화할수록 중국인들의 잠재력을
더 발휘할 수 있게 될 것이다.'

클린턴 재선 당선 후 라이트하이저는 신문 기고에서 클린턴 행정부가 중
국 포용 정책이라는 환상에 빠져 중국의 WTO 가입 조건을 너무 헐렁하게 해
주고 쉽게 가입시켜주고 있다고 맹공을 퍼부었다. 그는 다가올 위기를 다음
과 같이 경고했다.

'중국이 이처럼 손쉽게 WTO에 가입한다면 미국의 제조업 일자리는
살아남지 못할 것이다.'

라이트하이저는 중국 지도자들이 경제를 먹고 사는 문제가 아닌 군사, 대
외 정책, 인권 문제와 같은 차원에서 접근하고 있다고 주장했다. 중국 정부의
힘을 확장하고 중국인들을 통제하기 위한 수단으로 경제 문제를 취급한다는
것이 그의 주장이었다.

WTO에 대한 불신은 어떻게 생겨났을까?

2001년 집권한 부시 대통령은 미국 철강 산업의 세이프가드를 발동했다. 시장 가치를 따지면 아마존보다 작지만 미국 정치 지형에서 철강 산업의 파괴력은 어떤 대통령도 무시할 수 없는 위상을 누리고 있다. 대선에 승리하기 위해 반드시 이겨야 하는 것으로 역사적으로 증명되고 확인된 지역^{펜실베이니} ^{아, 오하이오, 인디애나, 일리노이, 웨스트버지니아}의 철강 산업의 정치적 원조 요청은 흘려보낼 수 없는 기회였다.

모든 대통령은 취임하는 그날부터 재선 캠페인에 돌입한다. 부시 역시 취임 첫해에 벌써 2004년 대선을 의식하게 되었다. 미국의 철강 세이프가드에 대해 외국 정부는 강력하게 반발했다. 그들은 WTO에 제소했고 부시 행정부의 철강 세이프가드는 세계 무역 법정인 WTO 판정에서 패배했다.

철강 세이프가드를 주도했던 라이트하이저는 치명적인 일격을 당했다. 그는 분노했다. '민주적인 절차를 거쳐 발동된 미국의 세이프가드 조치를 어떻게 WTO가 불법이라는 판정을 내릴 수가 있단 말인가.' 평소 WTO를 마땅치 않게 생각하고 있던 그의 반 WTO 시각은 이 사건을 계기로 더욱 확고해졌다. WTO는 미국 주권을 침해하는 괴물이라는….

그런 그를 2003년 부시 행정부는 WTO 상소기구 위원 후보로 지명하는 모험을 택했다. 하지만 그는 상소기구 위원에 임명되지 못했다. 그를 면접한 제네바 주재 WTO 대사들은 그의 국제통상법에 대한 시각이 지나치게 편향

되어 있다고 퇴짜를 놓았다.

라이트하이저를 USTR 대표에 추천한 것은 트럼프의 무역 정책을 자문해주고 있던, 그의 오랜 고객인 철강회사의 CEO였다. 그는 30년 공백을 깨고 옛 공직이던 USTR에 최고책임자로 돌아왔다. 그의 경제관은 주류 경제학의 그것과는 판이하게 다르다. 국가 간에 무역수지는 관세로 조정될 수 없는 더 큰 힘소비 성향, 환율 등에 의해 움직이는 것이라는 경제학계의 정설을 경멸한다. 미국의 거대한 무역수지 적자는 미국 제조업이 쇠퇴 때문이라는 것이 그의 시각이다. 그리고 과거 행정부의 잘못된 정책이 미국 제조업의 쇠퇴를 방치했다고 주장한다.

미국 제조업 위기의 주범이 중국이라고 주장하는 라이트하이저는 WTO 체제를 자국에 유리하게 조종할 수 있는 중국의 능력을 과소평가했다고 생각한다. "만약 우리가 지금 중국을 길들이지 못하면 우리 후세대들은 중국에게 끌려 다닐 것"이라고 그는 목소리를 높인다.

툭하면 "WTO는 미국에게 불공정한 나쁜 국제기구"라면서 "WTO를 탈퇴하겠다"는 으름장을 놓는 트럼프의 귀를 라이트하이저는 확실히 잡고 있다. 통계를 들여다보면 미국이 WTO에 제소한 대부분의 케이스에서 승소 판결을 끌어냈다. 그래서 WTO가 불공평하다는 주장이 맞지 않다는 반박에 그는 이렇게 맞받아친다. "중요한 것은 미국이 승소한 케이스가 아니라 미국이 패소한 케이스이다." 미국은 WTO에 피소당한 분쟁의 90% 가까이 패소 판정을 받았다.[27]

세계 무역 체제의 설계자인 미국은 자신의 작품인 WTO를 벼랑 끝으로 몰고 있다. 회원국 간의 분쟁을 해소하는 WTO의 사법 기능을 미국은 의도적으로 무력화시키고 있다. WTO가 내리는 판정에 미국이 불만을 품고 있기 때문이다. 이야기는 오바마 행정부로 거슬러 올라간다.

WTO 분쟁은 1심 격인 패널 판정과 상소심으로 구성된다. 대부분 분쟁은 상소심까지 연결된다. 1심에서 패소한 국가가 상급심의 판정을 추구하지 않는다면 주권 포기라는 비난을 받기 십상이다. 상소심은 WTO 상소기구의 7인의 상소위원 가운데 세 명이 판정을 맡게 된다. 상소위원은 4년 임기이고 재임될 수 있다.

미국은 오바마 행정부 때부터 상소기구가 WTO 협정에 주어진 권한을 넘어서는 법리적용을 한다고 비판해 왔다. 한국의 최초 상소위원이던 장승화 교수는 미국의 이 같은 반발의 표적이 되어 재임에 실패했다. 미국은 4년 임기가 끝나는 상소위원의 공석으로 발생한 후임 상소위원의 선임을 거부해 왔다. 그래서 현재 상소기구는 단지 세 명의 상소위원밖에 없다. 무려 네 명이나 공석인 상태이다.

2019년 12월이 되면 두 명의 상소위원의 임기가 만료되어 상소위원은 한 명으로 줄어드는 WTO 사법 기능이 마비되는 대참사가 발생한다. 라이트하이저는 자신을 상소위원으로 임명할 것을 거부한 WTO의 식물화를 방치하고 있다. 정부 주도 비시장경제인 중국의 불공정 무역 행위를 제대로 규율하지 못하는 WTO라면 존재 이유가 없다는 그의 확증은 상황을 쉽게 반전시키지 않을 것 같다.

트럼프과 성장 배경도 다르고, 성격도 판이하고, 생활 습관도 딴판이지만 라이트하이저는 트럼프의 이념적 소울메이트soul mate이다. 트럼프가 1962년 무역확장법의 232조 국가안보조항을 들고 와서 전 세계 철강 제품에 25% 관세를 투하할 수 있었던 것도 라이트하이저의 경험과 머리에서 나온 것이다.

그의 머릿속은 중국의 미국 기술 패권 위협론으로 가득 차 있다. 중국의 미국 기술 위협의 핵심은 강제 기술 이전, 지식재산권 강탈, 국가 주도하의 미국 기업 인수, 사이버 도용으로 모든 상상할 수 있는 면에서 동시다발적으로 조직적으로 자행되고 있다는 것이 그의 판단이다. 2018년 3월 발표된 200여 페이지에 달하는 중국의 지식재산권 위반 조사 보고서는 그런 판단을 구체적인 물증으로 조목조목 뒷받침하고 있다. 그의 보고서를 근거로 트럼프는 중국과 무역전쟁을 선포했다.

미국의 중국 고립전략

트럼프 대통령이 중국을 상대로 관세 폭탄을 투하하고 시진핑 주석도 물러서지 않고 보복 관세로 맞대응하면서 미중 무역 갈등이 폭발하자 세간의 관측은 이러하다. 즉 트럼프는 미국의 대중국 무역수지 적자 해소 및 2018년 중간선거를 목표로 하고 있고, 관세 부과로 대결하는 것은 상호파괴적이며 인상할 수 있는 관세 폭에 한계가 있기 때문에 지속될 수 없다는 것이었다. 그런 관측과는 달리 미중 무역 분쟁의 수위는 계속 높아졌고 전선은 확대되어 왔다. 빗나간 관측은 중국과의 갈등 수위를 높이는 트럼프 대통령과 그의 집행자들의 전략에 대한 이해가 부족한 탓 때문이다.

미국은 중국이 더 강력해지기 전, 그 기세를 꺾으려고 작심했다. 과거 같은 방식으로 중국을 다루면 중국의 난폭 운전, 광폭 질주는 계속되고 어느 순간부터는 미국도 막을 수 없는 상황으로까지 내몰릴 것으로 미국은 우려하고 있다. 이점에 대해서는 미국 내 초당적인 합의가 형성되어 있다.

미국은 중국과의 경쟁이 기울어진 운동장에서 공을 차는 것과 같다고 생각한다. 공정해야 할 심판은 외국 선수들에게 편파적으로 불리하게 판정하고 수시로 경기장에 뛰어 들어와 자국 선수들에게 유리하게 공을 몰아준다는 것은 중국에서 사업을 하는 모든 외국 기업인들의 공통된 평가이다. 이 시스템을 그대로 유지하는 한, 중국의 질주는 계속되고 미국의 패권은 위협받는다는 생각이 미중 무역전쟁의 바닥에 깔려 있다.

미국은 중국을 봉쇄하고 고립하려 한다. 트럼프발 중국 고립 전략은 2018년 9월 말 타결된 '미국-멕시코-캐나다 협정USMCA'에서 극명하게 나타나 있다. 협정 32조 10항에 따르면 '미국, 멕시코, 캐나다 3국 중 하나가 비시장경제국과 FTA를 체결하는 경우, 다른 두 국가는 삼국 간의 협정을 종료하고 양자 간 FTA로 대체할 수 있다'고 규정하고 있다. 그 대상이 중국이라는 것은 중국이 더 잘 알고 있다. 중국은 이 조항에 대해 강력히 반발하고 있다.

무역수지를 대규모로 축소하고 불법보조금을 금지하여 중국 방식의 기술산업정책^{중국제조 2025}을 폐기하라는 미국의 요구에 대해 '숫자는 협상할 수 있지만 시스템은 협상 대상이 아니다'라고 맞선 중국을 겨냥한 중국 봉쇄령은 이제 시작이다. 국제 통상 질서는 미국 편에 설 것인가, 아니면 중국 편에 설 것인가로 양분화될 상황으로 치닫고 있다.

시진핑은 왜 무역전쟁을 선택했나?

트럼프의 관세 폭탄을 시진핑은 왜 피하지 않았을까? 그는 왜 트럼프가 쏘아 올린 폭탄과 왜 같은 크기의 관세 폭탄으로 맞받아쳤을까. 시진핑이 이끌고 있는 중국은 자신감, 공세적, 적극성 측면에서 확연히 다르다.

'도광양회'에서 벗어나 적극적으로 중국 영향력을 투사하고 패권을 추구하는 '신형 대국 관계'를 내세우면서 '태평양은 미국과 중국이 양분할 만큼 넓다'라며 야심을 숨기지 않고 있다. 21세기판 실크로드인 '일대일로'와 아시아인프라투자은행^{AIIB, Asia Infrastructure Investment Bank} 설립 등 대담한 구상을 선언하고 실행을 위한 거침없는 행보를 보인다. 일대일로 구상은 미국이 주도하는 TPP에 대응하는 중국의 서진 전략이며, AIIB는 미국이 주도하는 세계은행^{World Bank}, 일본이 주도하는 아시아개발은행^{ADB} 등 기존 국제 개발 금융 시스템에 대한 대항인 셈이다. 이러한 중국의 거대 전략이 가능한 이유는 중국 경제의 눈부신 부상 때문이다.

　미중 무역전쟁이 지속된다면 미국 경제에도 상당한 피해가 있겠지만 중국 경제는 더욱 심각한 피해를 입을 수밖에 없다. 미중 무역전쟁 국면에서 시진핑의 중국은 무엇을 원하는가?

　첫째, 중국은 이번 통상 전쟁에서 미국의 강압에 당당하게 맞서는 모습을 보여주려고 한다. 19세기 서세동점의 제국주의 시대, 서구 열강의 요구에 무기력하게 자국 영토와 주권을 유린당했던 그런 중국이 아님을 중국 인민에게 보여주어야 하는 역사적 의무를 시진핑은 잘 알고 있다.

　둘째, 중국은 미국과의 통상 마찰이 전면적인 통상 전쟁으로 확전되는 것을 원하지 않는다. 왜냐하면 미국 시장은 너무나 크고, 중국 경제의 지속적인 발전을 위해 미국과의 협력 관계 구축이 당분간은 필요하기 때문이다. 지금으로서는 '공장은 시장을 이길 수 없다'는 것이 중국의 판단이다. 중국은 미국과의 협상을 통한 합의를 원한다.

　셋째, 중국은 자국 핵심이익에는 타협이 없다는 것을 분명히 하려고 한다. 중국의 기술굴기를 표방하는 '중국제조 2025'는 정당한 산업 정책이며 미국의 지나친 간섭은 결코 용납할 수 없다고 선을 긋고 있다. 중국은 '숫자는 조정 가능하지만 시스템은 협상 대상이 아니다'라는 입장을 취하고 있다.

　2018년 초, 주석의 임기 제한을 철폐하고 21세기 황제를 꿈꾸는 시진핑의 입장에서 미중 무역전쟁은 그의 정치적 사활이 걸린 문제이다. 중화인민공화국을 건설하여 농민과 노동자를 자본가에서 해방시킨 마오쩌둥, 중국의 개혁개방을 이끌어내어 농민과 노동자를 빈곤으로부터 해방시킨 덩사오핑 같은 반열에 서려는 야심을 달성하기 위해서 내세운 21세기 중반 세계 최대 부국, 최강의 군사 대국 건설이라는 그의 '중국몽中國夢'을 실현해야 한다.

미중 무역전쟁이 시작되자마자 백기투항하면 그의 정치적 미래는 사라진다. 전황이 불리할지라도 전쟁을 불사해야 휴전이 가능하다. 전장이 무한정으로 확대되어 상황이 그의 통제 범위를 벗어나는 것은 최악의 시나리오이다. 그래서 중국은 휴전을 원하고 시간을 벌기를 원한다. 미중 경쟁은 장기전이기 때문이다.

미국과 중국의 시간 싸움

시간은 누구 편일까. 중국은 중국편이라고 생각한다. 지금 트럼프 행정부의 공세가 거세지만 적게는 향후 2년, 길어도 6년 후면 트럼프 대통령은 역사 속으로 퇴장하는 반면, 임기 제한을 철폐한 시진핑 주석은 중국몽의 실현을 위해 모든 힘을 쏟아 부을 수 있을 것이라고 생각한다. 2년마다 선거를 통해 임기 2년의 435명 하원의원을 새로 선출하고, 100명 상원의원의 3분의 1을 선출하는 미국 정치, 4년마다 반복되는 미국 대통령 선거는 미국 정치의 분열상을 확대하고 있다는 것이 중국 지도부의 판단이다.

4년 아니면 길어야 8년의 미국 행정부, 2년마다 선거를 겪어야 하는 미국 정치는 공산당 1당 독주 아래 선출된 핵심 간부들 간의 치열한 경쟁을 통한 상향 진출의 안정적이고 예측 가능한 중국 정치를 감당할 수 없을 것이라는 자신감으로 가득 차 있다. '어공^{어쩌다 된 공무원}'이 '늘공^{늘 공무원}'을 이길 수 있겠느냐는 논리이다. 분열적인 미국 정치보다 강력한 리더십의 중국 정치가 패권 경쟁에서 유리하다는 것이 중국의 판단이다. 일부 서구학자들도 어공보다는 늘공의 손을 들어준다.

미중 무역전쟁이 본격화되면서 마오쩌둥의 '지구전^{持久戰}'이 주목받고 있다. 시진핑은 '조우전^{遭遇戰}으로 시작된 무역전쟁을 진지전^{陣地戰}으로 바꿔야 한다'는 지시를 내렸다고 한다.[28] 예상치 못한 트럼프의 일격을 맞아 준비가 덜 된 상태에서 맞이한 무역전쟁의 시작이었던 '조우전'을 승리하기 위해서는 적의 전투력을 소모시키는 '진지전'으로 전환해야 승산이 있다는 계산이 깔려 있다.

1930년대 중국을 침략한 일본과의 불리한 전황을 극복하기 위해, 마오는 '섣불리 싸우지 말고 시간을 벌면서 상황을 바꿔 나가면 최후의 승리는 중국에 있다'면서 3단계 지구전론을 제시했다. 적이 공격해 오면 싸움을 피하며 힘을 빼는 전략적 방어^{1단계}에 주력하고, 힘의 균형이 이뤄지면 전략적 대치^{2단계}로 전환하며, 모든 조건들을 아군에 유리하게 바꾼 연후에야 전략적 반공^{3단계}에 나서야 한다는 것이다.[29] 중국공산당은 마오의 지구전 방략으로 항일전쟁에서 이겼다. 지구전의 관점에서 보면 미중 무역전쟁은 이제 1단계에 불

도표 19. 트럼프 대 트럼프 - 어느 트럼프가 이길까?

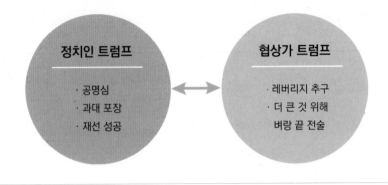

과하다.

중국이 시간을 끌면서 계속 저항하면 트럼프의 시간은 지나간다. 미국은 지금이 아니면 중국의 패권 야욕을 저지할 수 있는 기회는 없다고 생각한다. 그렇다면 과연 시간은 누구 편일까?

미국은 트럼프 리스크를 극복할 수 있을까? 미국은 중국을 굴복시킬 수 있을 것인가? 트럼프의 무역전사인 라이트하이저는 고질적인 무역수지 적자 해소, 기술 탈취 금지, 불법보조금 금지, 지식재산권 준수, 사이버 보안 준수 라는 약속과 재발 방지 장치 설치 약속을 중국으로부터 받아낼 수 있을까. 그의 첫 번째 관문은 트럼프 주변을 둘러싸고 있는 다른 생각을 가진 관료들이다. 이들과의 경쟁에서 살아남아야 중국으로 가는 문을 열 수 있다.

중국과의 무역전쟁이 과열되면 북한 문제 해결에 도움이 되지 않는다는 마이크 폼페이오 Mike Pompeo 국무장관, 무역전쟁을 계속하면 미국 증시가 흔들린다며 적당한 선에서 조기 타결을 원하는 스티븐 므누신 Steven Mnuchin 재무장관. 이들은 중국의 기술 위협의 심각성을 라이트하이저와 공유하지만 라이트하이저식 저돌적 공세적 접근에는 동의하지 않는다. 이 때문에 트럼프의 절대적 신임이 없으면 그가 평생을 벌려왔던 중국과의 대결전은 같은 진영끼리 교통 정리하다 힘을 다 뺏기는 상황에 처할 수밖에 없다.

최대 난관은 트럼프다. 라이트하이저는 후일을 기약하지 않는 전사이지만 트럼프는 비판적인 국내 여론에서 살아남아야 하고 동시에 재선을 노리는 대통령이다. 여론에 극도로 민감하고 여론을 조정하고 싶어 할 수밖에 없다.

중국과의 무역전쟁을 불사하는 트럼프 대통령의 의중에는 경제적, 정치적, 전략적 세 가지 동기가 복합적으로 뒤엉켜 있다.

첫째, 하루 10억 달러 규모의 기록적인 대중 무역수지 적자를 획기적으로 해소하는 것이다. 둘째, 누구도 해결하지 못한 미중 통상 갈등을 해결하여 자신의 정치적 입지를 강화하는 것이다. 셋째, 미국 패권을 위협하는 중국의 도전을 극복하여 미국의 위상을 강화하는 것이다.

트럼프 대통령이 관세 핵폭탄이라는 초강수를 둔 것은 중국 정부가 직접 나서서 무역수지 적자를 획기적으로 줄이라는 요구의 거친 표현이다. 트럼프는 무역수지 적자만 해결되면 전쟁을 중단할까?

2018년 5월 중국은 미국과 협상을 벌였다. 이미 트럼프 대통령이 중국을 상대로 25% 관세 폭탄을 예고한 상황에서 전쟁으로 가는 길을 막아보려는 시도였다. 미국 상무부 장관, 재무부 장관이 총출동하고 중국은 류허(劉鶴) 부총리가 중국을 대표했다. 협상에서 미국은 향후 2년간 2,000억 달러 규모의 미국산 제품을 추가 구매할 것을 요구했다. 이는 현재 미국의 대중 수출을 뛰어넘는 규모이다. 중국은 1,000억 달러 규모까지는 수용할 의향을 내비쳤다. 미국산 보잉 항공기, 대두 등 농업 분야의 미국산 구매를 늘리겠다는 구매 계획은 제시되었다. 중국의 금융시장 개방 계획도 던져졌다. 미국은 중국의 제안을 거절했다.

타협은 이루어지지 못하고 미국과 중국은 트럼프가 먼저 쏘고 시진핑이 맞발사한다고 예고한 관세 폭탄 투하의 길로 내달렸다. 자신의 의도를 관철하지 못하고 오히려 중국의 강경 대응에 자극받은 트럼프는 더 강력한 관세 폭탄 투하를 예고했지만 중국은 양보 없이 버텼다. 전장은 확대되었고 포성은 요란하다. 사상자가 얼마인지는 짙은 포연 때문에 헤아리기조차 어려운 상황이다.

만약 중국이 미국의 요구대로 2,000억 달러 규모의 미국산 구매 요구를 받아들였다면 트럼프는 전쟁을 중단했을까? 강제 기술 이전, 지식재산권 위반, 보조금, 국영 기업 등 다른 쟁점에 대해 중국이 아무런 의미 있는 조치를 취하지 않고, 대신 무역수지 적자만 '통 크게' 해소할 제안을 던졌다면? 이것이 바로 트럼프가 대통령인 미국의 딜레마이다.

트럼프 대통령이 대중 무역수지를 획기적으로 축소한다면 그 자체만으로도 역대 어느 대통령도 해내지 못했던 일이 될 것이다. 국내 정쟁으로 난관에 봉착한 트럼프 대통령에게 돌파구가 생기는 셈이다. 자신을 최고 협상가라고 치켜세우는 트럼프 대통령이 지지 계층을 결집할 명분이 생기는 것이다. 무기력하고 나약했던 전임 대통령들의 대중국 전략과는 선명하게 대비되는 트럼프의 문제 해결 능력은 그의 재선 가도에도 청신호가 될 것이다. 이 때문에 트럼프는 중국의 '통 큰' 미국산 구매 계획에 혹할 수밖에 없다. 중국도 이를 잘 알고 있다. 그 유혹을 트럼프가 참지 못하면 미중 무역전쟁의 승자는 미국이 아닌 중국이다.

왜냐고? 무역수지 적자는 중국의 통 큰 미국산 구매로 해결될 수 없기 때문이다. 중국이 미국산 구매를 획기적으로 늘린다면 일시적으로 미국의 대중 무역수지가 줄어들 것이다. 무역전쟁이 중단되고 미국이 중국산 수입에 대한 관세를 원래대로 되돌린다면 중국산 수입은 시장 논리에 따라 그 수준과 범위가 정해질 것이다.

미국의 소비 성향이 투자 성향을 압도하는 현재 구조가 바뀌지 않는 한, 중국산 수입은 다시 증가할 것이다. 중국의 통 큰 미국산 수입 계획으로 무역수지를 해결하려는 것은 넓은 호수에 돌팔매질하는 것과 같은 것이다.

본질적으로 무역수지를 결정하는 거대한 힘은 소비 성향이라는 거시 변수, 환율, 무역장벽의 세 가지이다. 역사적 경험과 이론적 검증에 따르면 소비 성향과 환율이 가장 중요한 변수이다. 관세 인상으로 인해 높아진 수출 장벽을, 중국 화폐 가치를 인위적으로 하락시킨다면 관세 폭탄의 효과는 반감된다. 이 때문에 미국은 중국의 통화 정책에까지 신경을 곤두세우고 있다.

역사의 교훈이 있다면 무역수지는 협상으로 해소할 수 없다는 것이다. 1980년대 미국과 무역전쟁을 치렀던 일본을 보라. 만성적이고 거대한 미국의 대일 무역수지를 해소하라는 미국의 통상 압박은 일본 정부의 통 큰 미국산 구매와 자발적인 일본산의 미국 수출 자제로 이어졌지만 결과는 어떠했는가. 미일 무역전쟁의 포연이 사라진 20여 년 후 지금, 미국의 대일 무역수지는 여전히 만성적이고 거대한 적자가 이어지고 있다.

미국의 관점에서 본 미중 무역전쟁의 핵심은 무역수지 해소가 아닌 중국의 기술굴기 견제이다. 관건은 트럼프의 의중에 중국의 기술굴기 차단이 얼마나 중요한 위치를 차지하는가이다. 미국의 고민은 손쉬운 합의의 유혹에 빠질 수 있는 트럼프가 '나쁜 합의bad deal'를 하지 않도록 하는 것이다. 과연 미국은 트럼프 리스크를 뛰어 넘어서 중국의 불공정 무역정책을 끝까지 몰아붙여 중국의 항복을 받아낼 수 있을 것인가?

최후의 승자는
누구인가

미중 무역전쟁,
어떤 합의가 가능할까?

#1. 2019년 2월 국정연설

트럼프 대통령은 무역수지뿐만 아니라 중국의 구조 변화까지 이끌어내
야 한다고 미중 무역협상의 채점 기준을 스스로 정했다.

> "지금 진행 중인 중국과의 무역 협상은 불공정한 무역 행태를 끝내고,
> 미국의 만성적인 무역 적자를 축소하고, 미국의 일자리를 보호하기 위
> 한 중국의 진짜 구조 변화를 이루어 내야 한다."[30]

트럼프는 중국의 구조 변화를 이끌어낼 수 있을까?

#2. 2019년 2월 5일, 백악관 성명

베이징에서 미중 무역협상이 종료된 후 발표된 백악관 성명은 협상의 주요 쟁점이 무엇인지, 그리고 미국과 중국이 3월 1일로 예정된 휴전 기간 만료일까지 어떤 목표로 협상을 진행하고 있는지 가늠하게 해주었다.

미중 협상의 의제는 무역수지와 구조적 쟁점structural issues이라는 두 개의 큰 부분으로 나누어져 진행되고 있다. 무역수지 의제는 만성적인 거대 무역수지 적자의 해소 방안을 의미한다. 구조적 쟁점에는 강제 기술 이전, 지식재산권, 사이버 절도 안보, 농업, 비관세 장벽, 환율 조작까지 포함된다.

모든 협상은 의제 선정 단계에서부터 치열한 다툼을 벌인다. 씨름에서 유리한 자리를 차지하기 위해 샅바싸움을 하듯이, 협상에 임하는 협상가는 자국에 유리한 사안은 반드시 협상 의제에 포함하고 불리한 사안은 협상 의제에서 제외하기 위해 처절한 대결도 불사한다.

미국이 중국에게 무역수지와 구조적 쟁점을 협상하기로 한 것은 일단 미국의 승리이다. 중국은 처음부터 "숫자는 협상할 수 있지만, 구조적인 문제는 협상 불가"라는 입장을 고수했다.

중국의 반대를 뚫고 미국이 중국의 구조적 쟁점을 협상 테이블에 올리기까지 트럼프의 무역전쟁의 위협, 시진핑의 맞대응, 예고된 전쟁을 중단할 수 있는 마지막 협상, 미국의 강력한 압박과 중국의 거부, 무역전쟁의 시작, 미국의 휴전 제의 등 우여곡절을 치렀다. 미국은 중국의 구조적 문제를 협상하지 않으면 무역전쟁을 계속할 수 있다는 의지를 중국에게 보여주었고, 중국이 미국의 그런 의지를 읽었기 때문에 협상 테이블에 오를 수 있었다.

미국이 중국에 요구한 항복문서

2018년 3월, 중국이 미국의 지식재산권을 조직적 · 지속적으로 심각하게 침해하고 있다는 미국무역대표부의 301조 조사 보고서가 나오자, 미국은 즉시 행동에 돌입했다.

4월 3일 USTR은 중국산 수입 500억 달러 규모에 25% 관세 인상 계획을 발표했다. 중국은 기다렸다는 듯 즉시 보복하겠다고 경고했다. 트럼프 대통령이 대규모 관세 폭탄을 예고하자 시진핑 주석 역시 물러서지 않고 같은 규모의 관세 보복을 예고했다. 트럼프 대통령의 의도는 실제로 관세 폭탄을 투하하는 것이 아니라, 중국을 협상장으로 불러내어 미국의 요구 조건을 관철하는 것이었다. 시진핑 주석도 같은 규모의 관세 폭탄을 예고하는 것으로 맞대응 했지만, 실제 폭탄 투하는 부담스러운 것이었다. 중국 내부에 산적한 문제는 촌각을 다투는 상황이었기에 미중 무역전쟁으로 정치적 자산을 소진할 여유가 없는 중국은 미국과의 예고된 무역전쟁을 시작하지 않고 전쟁을 종식시킬 방법을 골몰하게 된다. 그래서 마련된 미국과 중국의 협상 테이블에 미국의 재무장관, 상무장관, USTR 대표 등으로 구성된 최고위급 협상단이 베이징으로 날아왔다.

기선을 제압한 측은 미국

미국은 늘 통상협상에서 그러해 왔듯이, 중국을 향해 그들의 요구 조건을 기록한 문서를 던졌다. 5월 첫째 주, 베이징의 고위급 협상에 앞서 미국이 서면으로 제시한 8개 요구 사항은 다음과 같다.[31]

1. 무역수지 적자 축소

   - 향후 2년 내 무역수지 규모를 2,000억 달러 감소^{1년 단위로 1,000억 달}

     러씩 축소

2. 미국 기술, 지식재산권 보호

   - 과잉생산설비^{excess capacity}를 조장하는 보조금 금지

   - 강제 기술 이전 금지

   - 사이버 보안

3. 미국 내 투자 제한

   - 미국 안보 관련 분야 등 민감한 분야에는 중국인의 투자 제한

4. 중국 내 미국 투자 제한 철폐

   - 최소한의 투자 규제

   - 공정하고, 유효하며, 비차별적인 투자 규제

   - 합작 투자 요구 등 투자 지분 제한 폐지

- 네거티브 리스트^{negative list}32규제

5. 중국의 관세 · 비관세 장벽을 미국과 동등한 수준으로 하향 조정

  - 미국이 요구하는 특정 분야의 비관세 장벽 철폐

  - 미국은 중국제조 2025 관련 분야에 관세 등 수입 제한을 할 수 있다.

6. 중국의 서비스 시장 개방

7. 중국의 농산물 시장 개방

8. 이행

  - 중국이 합의를 이행하지 않을 경우 미국의 보복을 중국은 용인해야
    한다.

  - 미국의 보복을 중국은 WTO에 제소할 수 없다.

중국의 관점에서 보면 미국의 요구는 거칠고, 다소 강압적이었다.

협상을 위해 급히 만들어진 네 페이지짜리의 문서에는 곳곳에 '숫자'와 '날짜'가 명시되어 있었다. 날짜는 언제부터, 숫자는 얼마만큼의 행동을 구체적으로 중국 정부에 요구하고 있었다. 문서 곳곳에 흐르는 정서는 분명했다. 중국은 국제통상체제를 망가뜨리는 불량국가이고, 중국 정부는 불법과 불공정을 자행하는 바쁜 정부이며, 미국의 대중국 무역 정책은 불가피하며 정당하다는 것이었다.

미국의 요구 사항을 보면 단순한 무역수지의 적자 해소가 아니라는 것을 알 수 있다. 중국 주도의 비시장경제 체제의 구조적 문제점을 해소하라는 요

구가 서면 곳곳에 흐르고 있었다. 미국은 중국이 WTO에 미국을 제소한 모든 분쟁 케이스를 철회할 것을 요구했다.

미국은 협상장에서 더 고압적이고 구체적으로 요구했다.

- 미국 내 기업통신망에 대한 사이버첩보 행위를 즉시 중단하고, 중단했다는 것을 입증할 것.
- 특정 민감 분야를 제외한 모든 품목의 평균 관세를 중국은 미국과 같은 수준으로 인하 10% 수준에서 3.5% 수준으로 할 것.
- 4분기석 달마다 중국의 합의 이행을 점검하는 협의를 개최할 것.

미국의 내부 분열을 노리는 중국의 묘수

중국은 미국이 요구를 그대로 수용하지 않았다. 아니, 수용할 수 없었다. 무역수지는 논의할 수 있지만, 구조적 문제는 중국의 시스템 문제이며 협상의 대상이 아니라는 입장을 견지했다.

트럼프와 시진핑이 서로 관세 폭탄을 쏘기를 예고한 긴박한 상황에 개최된 5월 협상에서 중국은 미국의 요구를 미국산 상품의 대규모 구매로 해결하려고 했다. 중국은 트럼프의 우선순위가 무역수지 해소일 것이라 보았기 때문에 이것만 들어주면 협상이 타결될 것이라는 계산을 한 것이다. 중국이 던진 미국산 상품 구매 리스트에는 농산물, 항공기, IT 제품 등이 포함되어 있었다. 중국은 수비와 동시에 공격도 했다.

"미국 제품을 대규모로 사고 싶어도 살 물건들이 마땅치 않다. 미국이 군사적으로 활용될 가능성이 있다는 이유로 많은 제품의 중국 수출을 통제하는데, 그 통제를 풀어 달라. 그래야 당신들이 원하는 규모의 절반이라도 채울 수 있다."

중국은 한 걸음 더 나아가 "미국 자동차 회사와 금융기업들의 중국 진출을 용이하게 해 줄 수 있다."고도 했다. 이는 2018년 4월 보아오 포럼Boao Forum for Asia, 매년 4월 중국 하이난성 보아오에서 개최되는 아시아 지역경제 포럼에서 시진핑 주석이 "자동차 분야의 외국인 지분 비율 제한 완화, 은행·증권·보험 업종의 외자 지분 비율 제한 완화, 보험업의 개방 과정을 가속화하겠다"고 연설했던 것을 확인시키는 제안이었다. 중국이 미국을 향해 그은 선은 명확했다.

1. 미국이 던진 많은 요구 조건 중 무역수지와 시장개방만 협상 가능하다.
2. 무역수지 개선하려면 미국의 수출제한 조치를 완화하라.
3. 시장개방도 일부만, 그것도 중국이 대외적으로 천명한 부분에만 국한한다.
4. 중국제조 2025는 중국의 정당한 산업정책이다. 협상 대상이 될 수 없다.

중국은 '상대가 원하는 것의 일부를 주되, 상대를 내분에 빠뜨리는' 전술을 구사하여 미국의 공격을 공격으로 맞섰고, 실제로 그 전술은 미국을 내분에 빠뜨렸다. 중국이 내민 타협안에 미국 협상단의 의견이 엇갈린 것이다.

5월 3~4일 베이징 협상에 이어, 5월 18~19일 워싱턴에서 고위급 협상이 연이어 열렸다. 워싱턴 협상 직후, 미국과 중국은 공동성명을 발표했다. 중국은 농산물과 에너지를 포함한 미국 상품과 서비스의 수입을 획기적으로 증대하고, 지식재산권 보호를 강화하기로 합의했다는 내용이었다.

미 재무장관 므누신은 기본 틀에 합의했고 무역전쟁은 중지되었다고 했다. 관세 폭탄을 투하하는 무역전쟁이 본격화되면 금융시장이 불안정해질 것을 우려한 재무장관은 중국의 타협안에 호의적인 반응을 보였다. 그는 미국 국방성에 수출통제 품목의 중국 수출을 압박했다. 이에 미 국방성은 반발했다. 대 중국 강경파인 라이트하이저 USTR 대표는 중국의 타협안에 분노했다. 어렵게 마련된 협상의 계기를 쉽게 날려버릴 수 없다는 것이 그의 생각이었다. 트럼프는 재무장관이 아닌 그의 손을 들어주었고, 며칠 후 백악관은 므누신이 했던 말을 뒤집었다.

미국은 예고한 대로 500억 달러 규모의 중국 수입 상품에 25% 관세 폭탄을 투하한다고 발표했다. 중국은 합의를 뒤집은 미국을 비난했고, 미국산 수입 확대 계획을 없던 것으로 하였다. 또한 미국의 관세 폭탄에 똑같은 크기의 관세 폭탄으로 맞서겠다며 전의를 불태웠다.

무역전쟁을 끝낼 수 있는 기회는 이렇게 사라졌고, 미국과 중국은 서로를 겨냥한 무역전쟁의 길로 들어섰다.

무역전쟁의 시작, 그리고 확산

2018년 6월 15일 USTR은 2단계 25% 관세 인상안을 발표했다. 중국은 즉시 똑같은 규모의 2단계 보복관세로 맞불을 놓았다. '눈에는 눈, 이에는 이'로 맞서는 중국에 자극 받은 트럼프 대통령은 USTR에게 중국이 실제로 맞대응하는 경우 2,000억 달러 규모의 중국 수입품에 10% 관세 폭탄 투하를 지시했다. 그리고 트럼프는 한 걸음 더 나아가, 이번에도 중국이 맞대응하면 추가 관세 폭탄을 투하하겠다고 경고했다. 여름이 오자 미국은 예고한 대로 중국을 향해 관세 폭탄을 쏘기 시작했다.

7월 6일, 340억 달러 규모의 중국 수입품에 25% 관세 폭탄 투하^{1단계}
8월 23일, 160억 달러 규모의 중국 수입품에 25% 관세 폭탄 투하^{2단계}

미국의 관세 폭탄이 떨어질 때마다, 중국은 즉시 동일한 크기의 관세 폭탄을 미국에 투하했다. 중국은 미국에 타격을 주기 위해 트럼프가 대선에서 승리했던 주(州)들의 수출품을 정밀 타격했다. 미국 중서부 농민들의 최대 수출

표 2. 미국의 주요 중국 수출 품목(2017년)

	대두	반도체	LNG	항공기	원유
미국의 중국 수출 (단위: 백만 달러)	$ 12,362	$ 6,077	$ 2,013	$ 16,266	$ 4,434
중국 전체 수입에서 차지하는 비중	31.1%	29.7%	13.7%	66.4%	2.8%
미국의 중국 수출에서 차지하는 비중	9.5%	4.7%	1.5%	12.5%	3.4%

품인 대두는 세계 최대의 대두 수입 시장인 중국에서 자취를 감추었다.

미중 무역전쟁의 최대 피해자, 대두

중국인들이 사랑하는 돼지고기.

그 돼지의 사료로 사용되는 대두.

중국의 비약적인 경제성장 속도에 맞추어 돼지고기 수요는

급팽창했고, 사료인 대두의 수요도 동반하여 급팽창.

국내생산만으로는 대두 공급을 감당할 수 없었다.

그래서 등장한 것이 미국산 대두.

1995년까지 중국을 시장으로 생각해 본 적이 없는 미국 농가는

별안간 중국이라는 블루오션을 발견하게 된다.

2017년 중국은 9,500만 톤의 대두를 수입했다. 그 중 미국으로
부터 수입은 3,300만 톤.
2018년 미중 무역전쟁은 미국 중서부 농가의 중국 대두 수출
시장을 꽁꽁 얼게 만들었다.

전쟁을 위해 전쟁을 원하는 사람은 없다. 전쟁을 하는 이유는 평화를 만들기 위해서다. 트럼프는 이 전쟁에서 이겨야 하는 절박한 이유가 있다. 시진핑도 이 전쟁을 피할 수 없는 이유가 있다. 아메리칸 드림을 외치는 트럼프는 중국을 압도하여 미국식 평화를 만들고 싶어 한다. 중국몽을 외치는 시진핑은 제국주의 시대 중국이 당한 '굴욕의 100년'을 복수하려는 열망으로 가득하다.

여름의 뜨거운 태양이 만들어내는 그림자가 길어질수록, 미국과 중국의 무역전쟁은 확산되어 갔다. 미국과 중국은 한 치의 양보도 없이 관세 폭탄, 관세 핵폭탄을 서로를 향해 쏘면서 전쟁은 확산되었다. 미국이 먼저 공격하면 중국은 한줌의 망설임도 없이 즉각 보복했다.

무역전쟁으로 주가가 출렁이기 시작하고 고조된 불확실성에 투자자들은 불안에 떨기 시작했다. 무역전쟁이 장기화되는 경우, 세계 경제가 얼마나 충격을 받을지를 추정한 암울한 보고서들이 속속 나왔다. 세계 경제 규모 1위와 2위 간의 무역전쟁은 서로에게만 사상자를 내는 것이 아니라, 세계 경제

전체를 벼랑 끝으로 몰고 갈 것이라는 경고가 이어졌다.

세계화의 파고를 타고 전 세계 곳곳을 연결하면서 형성된 글로벌 공급망의 미래는 알 수 없는 곳으로 향하고 있었다. 미국의 디자인과 기술, 한국과 일본의 핵심 부품, 유럽의 기계, 그리고 중국의 조립으로 연결된 글로벌 공급망은 미국 시장에 안정적으로 물건을 내다 팔 수 있을 때, 그 존재 이유를 찾을 수 있었다.

미국이 중국산 수입품에 관세 폭탄을 투하하면 중국산 수출은 치명적인 피해를 보게 된다. 그 피해는 중국 공장 노동자의 일자리가 사라질지도 모른다는 것으로 시작되어 궁극적으로는 공장에 투자한 미국 기업에까지 돌아온다. 그 중간에 끼인 한국, 일본, 유럽의 투자자와 기업 모두 폭탄의 파편을 피할 길이 없다. 쏟아지는 관세 폭탄으로 인해 중국에 공장을 세운 기업들은 '이 공장을 언제까지 유지할 수 있을까' 하는 근본적인 질문에 빠져든다. 관세 폭탄이 중단될 조짐이 보이지 않는다면, 중국 공장은 지도에서 사라질 운명에 처하게 된다.

11월로 예정된 미국 중간선거_{임기 2년의 하원의원 전체를 다시 선출하고, 임기 6년의 상원의원 1/3을 다시 선출하는 선거}가 다가오면서, 시장에는 트럼프 대통령이 중국과 합의를 시도하지 않을까 하는 관측이 나돌았다. 야당인 민주당이 하원을 장악할 것이라는 여론조사가 그런 관측을 근거하고 있었다. 자신의 표밭인 중서부가 중국의 정밀 타격에 쑥대밭이 된 상황이 지속되는 것은 트럼프에겐 악재이기 때문에 이쯤에서 전쟁을 중단할 수도 있다는 희망을 가장한 주장도

표 3. 미국과 중국의 경쟁적 관세 폭탄 투하

유효 날짜	관세	미국 → 중국	중국 → 미국
2018. 07. 06	25%	340억 달러	340억 달러
2018. 08. 23	25%	160억 달러	160억 달러
2018. 09. 24	10%	2,000억 달러	600억 달러*
2019. 01. 01**	10% → 25%		

* 관세 5~10%
** (1) 트럼프-시진핑의 합의에 따라 미국은 25% 관세 부과를 2019년 3월 2일로 90일 연기.
　(2) 미중 협상이 진전되고 있다면서, 트럼프 대통령은 25% 관세 부과를 연기함.

나왔다.

　여름의 긴 그림자가 짧아지기 시작하는 8월 말. 중국협상단이 워싱턴으로 날아왔다. 전쟁을 멈출 수 있는 방법은 없는 것인지, 실무 차원의 협상은 성과 없이 끝났다. 중국은 미국의 인내심만 시험하고 돌아갔고, 트럼프에게 중국과의 전쟁을 일찍 끝낼 의사가 없다는 것이 확인되었다. 적어도 아직까지 그는 승리 선언의 유혹을 참고 있었다.

　9월 17일, 미국은 일주일 후인 9월 24일에 2,000억 달러 규모의 중국 수입품에 10% 관세 폭탄을 투하하겠다고 예고했다. 중국은 이번에도 맞대응으로 맞섰다. 2018년의 경우, 미국의 중국산 수입액은 5,470억 달러, 미국의 중국으로 수출액은 1,290억 달러의 관세를 부과했다. 중국산 수입의 45.7%에 미국의 관세 폭탄이, 미국산 수입의 85.3%에 중국의 보복 관세 폭탄이 투하되고 있는 무역전쟁의 요란한 포성은 계속되었다.

부에노스아이레스에서의 탱고

미중 무역전쟁이 시작되고 다섯 달이 흘렀다. 트럼프는 중국이 굴복하지 않으면 2019년의 첫 태양이 떠오르는 즉시 중국산 상품에 부과되고 있는 10% 관세를 25%로 인상하겠다는 폭탄 투하 계획을 이미 발표했다. 무역전쟁의 와중에 미국과 중국의 작전사령관은 극적인 회동의 계기를 만들었고, 2018년 12월 1일 부에노스아이레스에서 두 정상의 만남이 이루어졌다. 미국 측에서는 트럼프 대통령의 옆자리에 누가 배석하느냐가 관심의 대상이었다. 국무장관 폼페이오, 재무장관 므누신, USTR 대표 라이트하이저, 국가안보보좌관 볼턴, 비서실장 존 켈리John Kelly, 경제보좌관 래리 커들로Larry Kudlow, 트럼프의 사위이자 백악관 선임고문 재러드 쿠슈너Jared Kushner, 그리고 초강경파인 피터 나바로Peter Navarro도 배석자 명단에 이름을 올렸다.

스테이크 만찬을 겸해서 열린 2시간 반 동안의 회동에서 트럼프와 시진핑은 무슨 이야기를 주고받았을까. 백악관의 브리핑은 다음과 같이 트럼프 대통령과 시진핑 주석의 합의를 전했다.[33]

- 2019년 1월 1일부터 예정되었던 2,000억 달러 규모의 중국 수입품에 대한 25% 관세 계획은 유보하고, 현재 수준인 10%로 유지한다.
- 중국은 미국으로부터 상당한 양구체적인 수량은 추후 합의의 미국 농산물, 제조품, 에너지를 구매한다.

- 미국과 중국은 중국의 구조 변화structural changes에 대한 협상을 즉시 시작한다. 강제 기술 이전, 지식재산권 보호, 비관세 장벽, 사이버 보안, 서비스, 농산물이 협상 의제이다.[34]
- 미국과 중국은 이 모든 협상을 향후 90일 이내에 끝내려고 노력한다. 그 때까지 합의에 도출하지 못하면, 미국은 10% 관세를 25%로 인상한다.

만찬에 참석했던 왕이 외교부장의 기자 브리핑은 미국 측의 브리핑보다 일반적이고 추상적이었다. 미중무역 불균형을 점진적으로 해소하기 위해 중국 국내시장의 수요와 인민들의 수요를 반영하여 미국으로부터 수입을 늘릴 용의가 있다고 했다. 부에노스아이레스로 이목을 집중하고 있던 세계인들은 미중 간의 90일의 휴전 소식에 안도의 한숨으로 내쉬었다. 아무런 결과 없이 트럼프와 시진핑이 만찬장을 떠나, 미국이 2019년 첫날이 시작되는 즉시 중국산 관세를 25%로 인상하고, 중국이 여기에 보복을 하는 최악의 시나리오는 피했다는 안도감이 역력했다.

그러나 이것은 잠시간의 휴전일 뿐, 문제의 본질은 여전히 바뀐 것이 없었다. 90일간의 휴전 기간에 미국과 중국은 무역전쟁을 끝내는 합의에 도달할 수 있을까? 미국은 막대한 무역수지 축소뿐만 아니라 중국의 구조적 변화까지 원하고 있었다. 중국이 과연 미국의 요구를 어디까지 수용할 수 있을까.

휴전을 종전으로 바꾸려는 시도

2019년 3월 1일까지 미국과 중국은 어떤 합의를 이끌어낼 것인가?

협상 의제는 무역수지, 구조 변화, 이행 검증으로 압축된다. 중국은 무역수지 문제를 미국산 제품 대량 구매로 해결하려고 한다. 미국시장으로 중국산 수출을 자발적으로 제한하는 카드는 협상 마지막까지 내놓지 않을 생각이다. 또한 미국산 대량 구매액이 미국이 원하는 수준에 미치지 못할 경우, 중국은 더 많은 구매를 원한다면 전략물자의 수출 제한을 풀라고 역공을 할 참이다.

중국은 무역수지 적자를 해결하는 데 적극적이라는 것을 보여주기 위해 금융, 통신, 영화 등 서비스 시장을 추가 개방하고 중국의 농업시장도 개방 폭을 확대할 의사가 있다. 지식재산권 보호를 강화하겠다는 약속도 한다. 동시에 중국의 지식재산권도 보호해 달라는 역공세도 잊지 않는다. 이는 모두 시진핑 주석이 국제무대에서 천명한 내용들이다. 중국은 미국의 압박에 의해 개방하는 것이 아니라, 중국이 원해서 주도적으로 개방한다는 모습을 인민들에게 보여주려고 하는 것이다.

미국은 이 정도로는 성에 차지 않는다. 국영기업을 내세워 받은 불법 보조금으로 과잉 생산을 의도적으로 조장하는 불공정 무역 행태는 반드시 중단되어야 한다고 요구한다. 이에 중국은 불법성 여부는 미국이 일방적으로 결정할 수 없는 것이라고 반박하고, 보조금은 WTO 협정이 허용하는 범위에서 합법적으로 운영하겠다는 의지를 밝힌 것으로 충분하다는 입장을 굽히지 않는다. WTO는 결코 이 문제를 신속하게 다룰 수 없다. 중국의 속셈을 꿰뚫고 있는 미국은 완강히 반대한다.

사이버 보안, 강제 기술 이전 등 구조적 문제에 대한 협상은 난항에 난항을 거듭한다. 이행 검증 협상은 한 치의 양보도 없이 팽팽하게 맞서고 있다.

합의? 어떤 합의?

합의^{deal}의 공통분모는 미국산 대량 구매, 중국의 시장 개방 약속, 그리고 이행 담보이다.

최소한의 시장 개방 약속, 지식재산권 보호 강화, 일반적인 수준의 이행 검증에 합의하면 스몰 딜^{Small Deal}.

전폭적인 시장 개방 약속, 지식재산권 보호 강화, 중국의 보조금 제한, 구체적인 이행 검증에 합의하면 빅 딜^{Big Deal}.

중국은 스몰 딜을 추구하고, 미국은 빅 딜을 추구한다. 스몰 딜에서는 중국의 진정한 구조 변화 약속은 없다. 중국정부의 보조금은 기술굴기의 핵심 수단이다. 중국은 쉽게 포기하지 않을 것이다. 지식재산권 강화는 기술굴기 드라이브를 걸고 있는 중국 스스로 필요성에 의해 어차피 할 것이었다는 식으로 포장해서 충분히 국내에 선전할 수 있다. 미국은 중국의 구조 변화 약속을 받아내지 못했고, 이행 검증을 위한 실효성 있는 장치도 확보하지 못한다.

스몰 딜은 미국의 패배, 중국의 승리를 의미한다. 스몰 딜로 협상을 끝내기 위해 중국은 다음과 같은 전술을 구사한다.

1. 지연 작전. 미국의 요구를 미세한 작은 요구로 잘게 쪼개어서 대처한다. 미국이 중국 측에 제시한 52개의 요구를 중국을 142개로 쪼개어 대응하고 있다.

2. 어차피 해줄 수밖에 없는 '작은' 양보도 시간을 들여서 끈질기게 협상한 후 양보한다.

3. 수용하기 어려운 미국의 요구는 다른 것과 연계한다. 미국이 강공을 퍼붓는 보조금 문제는 미국과의 합의가 아닌 WTO 차원의 문제로 해결을 시도한다.

4. 이행 검증은 중국의 주권 사항. 미국이 이행 여부를 일방적으로 판정하는 것은 수용할 수 없다고 버틴다.

불법 보조금 문제가 WTO로 넘어가면 미국의 손을 떠나게 된다. WTO 프로세스는 시간만 질질 끌 뿐, 중국의 방대한 불법 보조금은 사라지지 않는다. USTR 대표 라이트하이저는 이러한 함정의 위험성을 꿰뚫고 있다. 중국의 WTO 가입 약속 불이행의 흑역사를 잘 알고 있는 그가 이행 검증 장치가 없는 합의에 동의할 리는 만무하다.

중국은 그들이 수용하고 싶지 않은 쟁점에 대해서는 끝까지 버티고, 밀리는 경우에는 실무자간의 협상에서 대략 큰 틀을 합의해 두고, 구체적인 세부 사항은 트럼프와의 정상회담에서 해결하려는 심산이다. 강경하고 까다로운 전문가보다는 정치적 판단을 하는 트럼프가 더 큰 양보를 할 것이라는 계산이다. 미국 협상단을 이끌고 있는 무역전사 라이트하이저는 세부 사항을 구체적이고 세밀한 부분까지 모두 합의하기를 원한다. 트럼프에겐 선택지를 주고 싶어 하지 않는다. 트럼프가 어떤 엉뚱한 선택을 할지 알 수가 없기 때문이다.

미중 무역전쟁에서 유리한 협상 결과를 만들어 내기 위해 중국은 옛날부터 전해지는 손자병법의 가르침을 실천하고 있다.

"兵者, 詭道也. 故能而示之不能, 用而示之不用, 近而視之遠, 遠而示之近."

전쟁이란 속이는 것이다.
나의 능력이 없는 것처럼 보이게 하고
군대를 운용하지 않는 것처럼 보이게 하고
가까운 곳을 보려 하면 먼 곳을 보는 것처럼 속이며
먼 곳을 보려 하면 가까운 곳을 보는 것처럼 적을 속여야 한다.

시간은 누구 편인가

미국은 중국의 지연 작전을 극복할 수 있을까? 협상가들이 금과옥조로 삼는 격언이 있다.

"나쁜 합의를 선택하지 말고 협상을 결렬시켜야 한다No Deal is better than Bad Deal."

하지만 정치인이자 재선을 노리는 트럼프에게 이 격언이 통할까? 그에게는 '어떤 합의도 결렬보단 좋은 것Any Deal is better than No Deal!'이지 않을까. 시간은 미국의 편이 아닐 수 있다. 미국의 대선 시간표는 협상이 진행되는 순간에도 돌아간다. 2020년 초반부터는 실질적인 대선 레이스 시작된다. 재선을 노리는 트럼프는 중국과의 합의를 유세장에서 자랑하고픈 충동에 사로잡혀 있다. 설령 그것이 소규모 합의일지라도 트럼프는 그것을 대규모 합의로 과장 선전할 것이다.

스스로 협상의 대가로 자처하는 트럼프 대통령이 만약 중국의 정부 주도 비시장 경제 체제의 근본적인 변화 없는 소규모 합의를 미국의 승리로 선언하고 전쟁을 종식한다면, 미국은 당혹과 허망에 빠져들 것이다. 트럼프와 관련한 국내 정치 상황—자신을 겨냥한 뮬러 특검, 납세 공개, 재선 등— 때문에 그는 충분히 그런 행보를 보일 수도 있다는 점이 미국의 딜레마라

할 것이다.

하지만 중국경제가 급속한 속도로 냉각한다면 이야기는 달라진다. 그런 상황에서 미중 무역전쟁을 지속한다는 것은 중국에게 초대형 악재이다. 무역 전쟁을 가능한 한 최단 시간에 끝내야 할 필요성이 절박해진다. 중국 정부의 공식 발표에 따르면 중국은 2018년 6.6% 성장했다. 이는 1990년 이후 최저의 성장률이다. 미중 무역전쟁이 시작되기 전에도 중국 경제의 성장세는 최근 몇 년 동안 둔화세였다. 미중 무역전쟁은 소비 심리를 위축시키고, 투자 결정에 혼란을 가져와 중국 경제를 더 가파른 속도로 끌어내리고 있다는 우려가 팽배하다.

미국 경제 상황도 변수이다. 2018년 12월 마지막 3주 동안 그 해 일 년간 번 것을 몽땅 다 까먹었고 경제지표도 더 하락했다. 4차 산업혁명을 선도하는 탄탄한 기술력의 바탕 위에 트럼프의 감세 정책에 힘입은 소비 지출 증가는 미국의 '놀라운' 경제 성장을 이끌어왔지만, 잔치는 끝났다. 2018년 한 해 동안 미국 증시는 7% 하락하면서 3조 달러가 공중으로 사라졌다. 지난 10년 간 최악의 부진이다.

2008년 세계 경제 위기 이후 선진국의 장기 침체 속에 나 홀로 호황을 구가하면서 넘쳐나는 일자리, 최저의 실업률 속에 '이보다 더 좋을 수 없다'던 미국 경제에 불황의 어두운 그림자가 빠른 속도로 다가오고 있다는 카산드라의 불길한 예고 사이렌이 울리고 있다. 경제지표가 하락하면, 트럼프는 모험적 충동을 스스로 감당하지 못할 것이다. 2020년 대선을 의식한 트럼프는 자신의 정치 기반인 러스트벨트를 의식해 극단적인 보호주의 카드를 꺼낼 것이다. 환율전쟁도 불사할지 모른다.

드러나는 합의의 윤곽

2019년 2월 하순. 3월 1일 휴전 시한이 채 1주일밖에 남지 않은 상황에 워싱턴에서의 마지막 협상이 이루어졌다. 류허 부총리가 이끄는 중국 협상단은 라이트하이저 USTR 대표가 이끄는 미국 협상단과 치열한 협상을 진행했다. 류허 부총리는 이번 협상에서 시진핑의 특사Special Envoy로 임명되었다. 휴전 시한이 종료되기 전의 마지막 협상인 만큼 협상을 타결할 수 있도록 더 많은 권한을 부여받았다는 의미로 해석되었다.[35]

협상 기간 중 류허는 트럼프 대통령을 예방했다. 그 자리에는 라이트하이저, 므누신 등 미국 협상단도 배석했다. 트럼프 대통령은 "협상이 잘 진행되고 있다. 3월 1일로 정한 데드라인은 연장될 수도 있다"고 말하며 기대를 보였다. 류허 부총리는 "합의의 가능성이 아주 높다. 중국은 합의할 준비가 되어 있다"며 자신감을 피력했다. 반면, 라이트하이저 USTR 대표는 "많은 진전이 있었다. 그러나 기술 이전 등 아직 난제들이 남아 있다"고 말했다.

미국과 중국은 비교적 쉬운 쟁점에는 합의에 근접했지만, 미국이 지속해서 문제를 제기해 온 중국의 구조 변화 문제에 대해서는 난항을 거듭하고 있다. 미국은 중국의 환율 조작에 대해 합의를 도출했다고 보도했다. 하지만 미국이 치명적으로 중요하게 여기는 합의 이행 문제에 대해서는 양국의 차이가 좁혀지지 않고 있는 듯하다.

부에노스아이레스에서 트럼프와 시진핑이 합의한 휴전 시한인 2019년 3월 2일은 지구상 모든 시간이 그러하듯, 어김없이 찾아왔다. 합의한 휴전 시한은 종료되었지만, 미국과 중국은 다시 무역전쟁으로 돌아가진 않았다. 미국은 3월 2일을 기해 인상하기로 예고되었던 25% 관세 인상안을 유예한다고 공식 발표했다. 휴전이 연장된 것이다. 하지만 언제까지 연장되는지에 대한 정확한 날짜는 정해지지 않았다.

이상한 휴전. 불안한 휴전이 지속되고 있다. 미국과 중국은 협상을 멈추지 않고 있다. 류허 부총리가 이끄는 중국협상단과 라이트하이저 USTR대표가 이끄는 미국협상단은 3월 말, 4월 초 베이징과 워싱턴을 번갈아 오가며 협상을 계속했다.

중국의 전략은 실무협상단이 합의할 수 있는 범위 내에서 합의를 도출하고, 실무선에서 좁혀지지 않는 쟁점에 대해서는 양국 정상의 결단을 촉구하는 방식으로 합의를 추진한다는 것이었다. 미국의 초강경파가 장악하는 고위급 실무협상의 총공세를 중국실무진이 버틸 만큼 버틴 후, 트럼프에게 공을 넘긴다는 계략이다. 시진핑과의 정상회담을 통해 미중 무역전쟁을 종식시켜 자신의 이미지를 한껏 고양시키고 싶어 하는 트럼프의 심리를 꿰뚫고 있는 중국은 이 방법만이 그들이 최소한의 양보로 무역전쟁을 끝낼 수 있다고 확

도표 20. '합의'는 새로운 시작

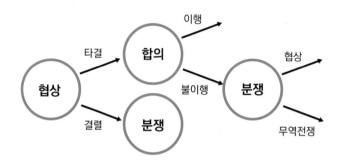

신하고 있다.

미국 실무협상단의 계산은 중국과는 정반대이다. 중국의 작전계획을 훤히 들여다보고 있는 라이트하이저는 트럼프에게 '위험한'선택지를 넘겨주고 싶지 않다. 관건은 중국이 미국의 핵심 요구를 중국 특유의 방식으로 버티는 경우, 트럼프의 인내심은 어디까지일까 하는 것이다.

합의는 또 다른 시작이다

유능한 협상가는 합의가 실제로 이행될지 고심한다. 아무리 멋진 합의를 이끌어내었다 한들, 상대국이 합의 내용을 인정하지 않으면 무용지물이다. 합의를 실천하기 위해 상대국이 새로운 규제 제도를 도입해야 하는 경우, 그 제도가 도입되고 발효되어 제대로 기능하는지 파악할 때까지는 완전히 끝난게 아니다. 상대국이 국내 정치적인 이유로 합의한 규제 제도 도입을 지연한 다면 그것을 언제까지 인내할 것인가. 상대국이 합의한 대로 규제 제도를 도입하지 않고 국내 산업에 유리한 내용을 규제 제도에 슬쩍 포함시킨다면 어떻할 것인가.

제대로 된 협상가는 합의의 이행 여부에 신경을 곤두세운다. 문제는 협상가가 합의문에 서명하면, 협상의 이행 여부는 그의 손을 떠난다는 것이다. 협상은 협상가들 간에 국제적으로 이루어지지만, 이행은 국내적으로 이루어지기 때문이다. 그래서 협상은 '끝나도 끝난 것이 아니다'라고 한다. 당신이 만약 협상가라면, 이 문제를 어떻게 해결하겠는가?

"중국이 협상에서의 합의했다고 그대로 이행될 것이라고는 절대로 믿지 마라."

미중 통상 협상의 역사가 주는 교훈이다. 지식재산권, 소고기 수입, 금융 서비스 개방, 사이버 보안…. 미국이 중국과의 협상을 통해 합의를 이끌어냈지만 아직까지 중국이 합의를 그대로 이행하지 않고 있어 비난받는 대표적인 분야이다. 그래서 같은 사안에 대해 이미 합의가 있었음에도 불구하고 십 년이 넘도록 협상에 협상을 거듭하고 있다.

이번 협상에서도 같은 전철을 밟게 할 수는 없다며 미국은 절치부심한다. 그래서 미국은 강력하게 이행 여부를 감시하고 불이행 시 보복할 수 있는 제도적 장치를 마련해야 한다며 중국을 압박하고 있다. 미국이 중국에게 이행 점검을 요구하는 것은 그만큼 중국에 대한 불신이 강하기 때문이다.[36] 그 불신은 역사적으로 누적된 경험에 의한 것이다. 중국은 계속 거부하고 있다. 이번엔 과연 다른 결과를 만들 수 있을까?

미국은 중국의 합의 이행을 담보하기 위해 다양한 수단을 모색하고 있다. 합의한 시한에 맞춰 중국이 약속을 이행하지 않는 경우, 미국이 대 중국산 수입 관세를 무역전쟁 수준으로 다시 복원하는 방법스냅 백, snapback이 거론되고 있다. 중국의 이행 여부 판단은 미국이 일방적으로 하고, 스냅 백의 경우에 중국은 미국에게 보복 조치를 하지 못하게 한다는 방안도 논의되고 있다. 중국으로서는 곤혹스러운 상황이다.

이마저도 충분하지 않다는 생각에 미국은 무역전쟁을 종식하는 합의가 이루어진다 하더라도 미국이 쌓아올린 대 중국산 수입 관세를 전쟁 이전의 상태로 되돌리지 않는 방안까지 테이블 위에 올려놓았다. 중국으로서는 굴욕스러운 제안이다. 합의를 하는 이유는 관세 폭탄을 제거하기 위한 것인데 합의에도 불구하고 관세 폭탄은 그대로이다. 이런 황당한 상황을 중국인민들에게 어떻게 설명할 수 있을까. 중국이 그간 미국과의 무역협상에서 제대로 약속을 지키지 않은 누적된 과거가 중국을 발목을 잡았다는 것을 시인한다는 것은 임기제한을 철폐한 시진핑의 이미지를 실추시키는 대참사이다.

어떤 묘수를 찾아낼 것인가.

미중 무역전쟁은 끝나도
기술전쟁은 계속된다

2019년 1월 마지막 주, 미중 무역전쟁 휴전 돌입 9주 차

트럼프 대통령과 시진핑 주석이 합의한 3월 1일 휴전 만료 시한까지 5주를 남겨 두고 류허 부총리가 이끄는 중국협상단은 워싱턴행 비행기를 기다리고 있었다. 바로 그 순간, 미국 법무부는 화웨이를 기소하는 기자회견을 열었다. 화웨이는 미국의 이란 제재 위반, 기술 탈취 등 총 23개 항목으로 기소되었다.

캐나다 밴쿠버에서 사실상 가택 연금 상태인 화웨이 창업주의 딸이자 최고재무책임자인 멍완저우는 자회사를 만들어 화웨이의 이란 제재 위반을 진두지휘했다는 죄목으로 같이 기소되었다. 이보다 더 절묘한 타이밍을 잡을 수는 없었다. 9주 전 부에노스아이레스에서 시진핑 주석과 트럼프 대통령이 미중 무역전쟁을 잠시 중단하는 협의를 진행하는 바로 그 순간 멍완저우가 캐나다로 입국하던 중에 체포되지 않았나.

"늘 이런 식이었지."

뉴스를 접한 시진핑 주석은 2017년 4월 그와 트럼프의 첫 번째 정상회담이 열렸던 플로리다주 마라라고에서 있었던 황당한 일을 떠올렸다. 트럼프는 만찬 자리에서 느닷없이 시진핑에게 시리아 공습 소식을 알렸었다.

"손님을 불러 놓고 이런 무례를 범하다니…."

불쾌했던 기억이 되살아났다. 미국은 미중 무역협상이 진행되는 와중에도 화웨이를 정조준하고 있다.

미국의 화웨이 경계경보

한국에서 '4차 산업혁명'으로 불리고 있는 디지털 대전환기Digital Transformation. 인공지능AI, 빅데이터 big data, 클라우드cloud를 연결하여 자율주행차, 스마트 시티, 스마트 팩토리, 사물인터넷IoT이 적용된 꿈의 세계를 구현하려면 핵심 통신 기반을 5G로 전환해야 한다. 5G는 지금까지 세상이 알고 있던 통신과는 전혀 다른 세상으로 안내할 것이다. 인간과 인간의 통신을 뛰어넘어, 기계와 기계, 기계와 인간 간의 통신의 신기원을 열 전망이다.

자율주행차가 다른 자율주행차나 인간이 운전하는 자동차들 사이로 안

심하고 신속하게 도심을 누비려면 주변의 모든 기계, 인간들과 끊김 없이, 지체 없이, 신속하게 통신이 이루어져야 한다.[37] 공상 영화에나 나오던 기술이었지만 5G가 실현을 가능하게 만들고 있다. 5G를 두고 통신기술의 진화 evolution가 아닌, 혁명revolution이라는 말하는 것이 결코 과장이 아니다.

5G 경쟁의 최선두에 있는 것은 미국, 한국, 중국이다. 중국의 화웨이가 5G 통신망 장비에서 선두그룹에 있다는 사실은 미국을 고심하게 만들고 있다. 화웨이가 중국 정부의 요청에 따라 움직일 경우 발생할 위협직인 상황에 대한 우려는 화웨이가 5G 기술의 선두주자로 부각되기 전부터 미국 내에서 제기되어 왔다.

미국 하원 정보위원회가 2012년 발간한 '중국 통신업체 화웨이와 ZTE가 미국 국가안보에 끼칠 영향에 대한 조사 보고서'는 화웨이, ZTE가 중국 정부와 당의 지시를 따르며, 산업 기밀을 훔치고 지식재산권을 침해하며, 적성국과 수상한 거래를 하고 있다고 주장한다.

2016년 미국에서 판매한 화웨이 스마트폰에서 중국 해커들에게 해킹 경로를 제공하는 '백도어back door'가 발견되자 미국의 우려는 더욱 커졌다.[38] 화웨이의 배후인 중국공산당의 짙은 그림자에서 화웨이 장비를 사용할 경우 감당할 수 없는 보안 리스크를 감지한 미국은 공공기관의 화웨이 장비 사용 금지령을 내렸다.

화웨이는 통신장비 시장에서 판매 1위에 오른 중국의 자존심이다. 화웨이는 2018년 2분기 스마트폰 판매량에서 애플을 제치고 세계 2위에 등극하면서, 1위인 삼성을 바짝 추격하고 있다. 1987년 창업 후 30년의 짧은 시간에 세계 최고의 통신기업으로 수직 상승한 화웨이는 국수주의 냄새가 물씬 풍기는 '중국을 위한다'는 뜻을 가진 '화웨이华为'라는 기업 명칭에서부터, 인민군 장교 출신인 창업주 런정페이의 경력, 그래서 필연적으로 제기되는 화웨이와 배후의 중국 정부, 공산당과의 유착 관계에 대한 논란이 끊이지 않는 기업이다. 화웨이가 자력으로 지금의 위상을 성취했다고 믿는 사람은 아무도 없다.

2019년 1월, 폴란드에서는 화웨이의 폴란드 직원이 스파이 혐의로 체포되는 사태가 발생했다. 화웨이 경계경보는 세계 대학가에도 파장을 몰고 오고 있다.

옥스퍼드대학교, UC버클리대학이 화웨이의 기부금 거부와 연구 협력을 중단했다. UC샌디에이고대학교, 위스콘신대학교도 대학 내에 설치되었던 화웨이 장비를 철거했다. 스탠퍼드대학교도 화웨이와의 연구 협력을 중단했다.

화웨이의 통신장비가 스파이 활동에 쓰일 수 있다는 우려가 서구 민주주의 국가를 휩쓸고 있다. 영국, 독일, 프랑스, 캐나다, 일본, 호주, 뉴질랜드, 체코 등이 화웨이 장비 금지령을 내렸거나 금지를 검토하고 있다.[39] '사기업으로 화웨이가 독립적으로 경영되는 것처럼 보이지만, 유럽과 북미에 있는 연구기관에 투자하고 대학들을 지원함으로써 그들에게 기술을 빼내고 있다'는 주장은 이제 공개적으로 제기되고 있다.[40]

미국은 동맹국들에게 화웨이 장비 사용 거부에 동참할 것을 공개적으로 요구하고 있다. 고든 손들랜드^{Gordon Sondland} 유럽연합^{EU} 주재 미국 대사는 화웨이 통신장비를 주요 인프라에 사용한 서방 국가는 불이익을 받을 수 있다고 경고했다. 손들랜드 대사는 한 인터뷰에서 "고객을 상대로 조종을 하고 스파이 활동을 하는 한 이들과 사업해야 할 이유가 없다", "맹목적으로 중국 기술을 받아들이려고 밀어붙이는 이들은 우리를 상대할 때 불이익을 받을 수 있을 것"이라고 말했다.

2019년 2월 뮌헨 안보회의에 참석한 마이크 펜스 미국 부통령은 뮌헨안보회의에서 화웨이를 위협 대상으로 재강조했다. 마이크 폼페이오 미국 국무장관도 헝가리 방문에서 "만약 화웨이 장비가 미국의 중요한 시스템이 있는 곳에 배치돼 있을 경우 미국은 그런 곳들과는 협력 관계를 맺기 어렵다"고 경고했다. 폼페이오 국무장관은 미국의 동맹국가들이 화웨이 장비를 사용할 경우 그 대가는 끔찍할 것이라며 위협조로 압박했다.

화웨이는 중국시장을 넘어서 세계 시장을 공략하고, 나아가 선진국 시장에까지 진입하려고 전력을 경주하고 있다. 세계 주요 공항을 도배한 화웨이 광고는 이제 익숙하기까지 하다. 화웨이의 야심은 디지털 혁명을 주도하는 5G의 선두주자가 되는 것이다. 통신 후발주자인 중국이 5G 선도 경쟁에 뛰어 들었다는 것은 미국, 한국, 독일, 일본 등 민주국가 진영들 간의 기술경쟁이 정치 체제가 다른 경제 체제간의 경쟁으로 판도가 변화했음을 의미하는 세계적인 사건이다.

미국 정부의 전방위적인 압박에 화웨이는 침묵 대신 정면 반발로 대응하고 있다. 화웨이의 창업자인 런정페이는 "미국이 우리를 무너뜨릴 방법은 없다"고 나섰다. 영국 BBC 방송과의 인터뷰에서 그는 자신의 딸인 멍완저우 최고재무책임자를 미국이 기소한 것은 "정치적 의도가 있는 행위"라고 말하며 "받아들일 수 없다"고 반발했다.

런정페이는 "우리가 더 앞서 있기 때문에 세계는 우리를 떠날 수 없다", "미국이 우리 제품을 사용하지 말라고 많은 나라를 설득한다고 해도 우리 일은 약간 줄어들 뿐"이라고 자신감을 과시했다. 또 그는 "서쪽에서 불이 꺼지더라도 동쪽은 여전히 밝고, 북쪽이 어두워지더라도 남쪽은 여전히 밝다"며 "미국은 세계를 대표하지 않고, 단지 일부만을 대변할 뿐"이라고 반발했다. 그는 통신업체들이 화웨이 장비를 사용할 경우 중국 정부의 스파이 행위에 노출될 수 있다는 미국의 주장도 반박했다. "우리 회사는 어떤 스파이 활동도 하지 않을 것"이라면서, "만약 우리가 그런 행동을 한다면 회사 문을 닫겠다"고도 말했다.

중국제조 2025

미국의 경제 혁신을 주도하고 있는 인터넷 기반 기업인 페이스북Facebook, 애플Apple, 아마존Amazon, 구글Google은 글로벌 선두 기업이지만, 유독 중국에선 설 자리가 없다. 중국은 이들의 자국 시장 진입을 차단하고,

대신 바이두, 알리바바, 텐센트 등 중국판 인터넷 기반 국가대표 기업들을 길러냈다. 중국은 '양적 성장에서 질적 성장from quantity to quality'으로 변신을 시도하고 있다. 그 변신의 핵심에는 중국제조 2025라는 기술굴기의 청사진이 있다.

중국제조 2025의 청사진은 2015년에 발표되었다. 시진핑이 집권한 후 3년째 접어드는 해였다. 중국은 13차 5개년 계획2016~2020의 제조업 육성을 위한 산업정책으로 중국제조 2025를 발표했다. 인공지능, 사물인터넷, 빅데이터, 로봇, 3D프린터 등 4차 산업혁명의 근간이 되는 10대 분야를 선정했다. 4차 산업혁명의 핵심 기술과 산업을 중국이 선점하는 것이 목표이다. 그 청사진에 따르면, 향후 30년간 중국이 제조 강국으로서의 경쟁 우위를 확고히 하기 위한 3단계 발전 전략으로 2020년까지 중국의 제조 대국 지위를 공고히 하고, 2025년에는 독일, 일본 수준의 제조 강국으로 진입하며, 2035년 이후에는 세계 최강의 경쟁력을 확보하려고 한다.

중국이 중국제조 2025 계획을 발표했을 때 중국은 '따라잡는 것'이 아니라 '뛰어넘는 것'을 목표로 하여 다른 주요 제조업 강국과 어깨를 나란히 하겠다는 의지를 내비쳤다. 중국제조 2025 구상은 독일의 제조업 혁신 구상인 인더스트리 4.0의 영향을 받았다고 중국 정부는 설명한다. 첨단기술을 이용해 생산자, 유통업자, 경영 파트너와 소비자를 한데 묶어주는, 각 요소가 긴밀히 연결된 효율적인 스마트 제조업을 지향한다. 리커창 총리는 계획의 목표를 "중국제조 2025 전략을 도입하여, 혁신주도 발전을 추구하고, 스마트 기술을 적용하며, 기본을 튼튼히 다지고, 환경 친화적인 발전을 지향하여 중국을 수량 위주에서 품질 중심의 제조업 국가로 발전시킬 것"이라고 설명했다.

중국제조 2025는 세계 속의 중국 이미지를 전환하기 위한 전략이기도 하다. '중국산' 제품은 싸고, 품질이 낮으며 가짜라는 오명을 청산하고 싶은 것이다. 중국 정부의 실행계획에 의하면 제조업의 효율뿐만 아니라 혁신에 있어서도 도약을 준비하고 있다. 2025년까지 기반을 확보하고, 2035년까지 선진 제조업 강국과 경쟁이 가능한 수준으로 발전시켜, 중국 건국 100주년인 2049년까지는 세계의 제조업을 선두에서 이끌겠다는 야심을 담았다.

또한, 중국제조 2025는 정보기술, 로봇기술, 항공우주, 신소재 등 첨단 산업을 겨냥하고 있다. 반도체, 항공 엔진 등 첨단과학기술 분야에서는 중국의 해외 의존도가 높은 편이지만, 인공지능, 사물인터넷 등 신산업 분야에서는 두각을 보이고 있다. 중국의 IT 대표기업인 BAT^{바이두, 알리바바, 텐센}트는 인공지능에 막대한 자금을 투자하며 시장에 진입하고 있다.

전 세계 인공지능 관련 기업 시가총액에서 중국이 차지하는 비중은 32.3%로, 미국의 37.9%와 큰 차이가 없다. 일본 4.5%, 한국 1.3%보다는 월등히 높은 수준이다. 아직까지 중국의 AI 특허 등록 수는 미국에 이어 세계 2위이지만 특허 등록 수의 증가율은 미국의 7배에 달할 정도다. 전문가들은 중국이 정책과 인프라 등에 힘입어 10년 안에 미국의 AI 기술을 제칠 수 있을 것으로 전망하고 있다. 중국의 인터넷 발전과 많은 인구가 쏟아내는 막대한 양의 데이터는 전 세계 데이터의 13%를 차지한다. 빅데이터의 발전과 AI 기술 발전을 위한 인프라는 중국의 AI 기술 발전의 강점으로 작용하리라 예상된다.

중국제조 2025 : 왜 논란의 대상인가?

중국제조 2025는 의심할 여지없는 중국의 산업정책이다. 중국 정부도 산업정책임을 숨기지 않는다. 산업정책은 특정 산업을 정부가 선정하여 그 산업의 발전을 시장에 맡기지 않고 정부가 나서서 특정 기업이 그 산업에서 독점적인 지위를 누리면서 성장할 수 있도록 자원을 몰아주는 정책이다. 정부가 동원하는 자원은 재정지원, 연구개발 지원, 보조금 제공, 세제 혜택, 수출지원, 외국 기업과의 경쟁에서 보호 등이 있다. 시장의 핵심인 자유 경쟁이 허용되지 않고 정부가 선정한 기업들만 생산 활동을 할 수 있기 때문에 타깃팅, 국가 대표기업National Champion 키우기라는 비판에서 자유롭지 못하다.

중국은 중국제조 2025가 정당한 산업정책이라고 주장한다. 독일의 인더스트리 4.0Industry 4.0을 차용한 중국의 제조업 혁신 전략인데, 독일은 허용하면서 왜 중국은 문제 삼느냐는 것이 중국 정부의 항변이다. 나아가 중국은 미국, 독일, 일본, 한국 등 모든 제조업 강국은 그들의 발전 과정에서 산업정책을 구사했는데, 왜 중국의 산업정책만 문제 삼느냐고 반발한다.

인더스트리 4.0과 비교해 볼 때 중국제조 2025의 폐쇄적·공격적 특성은 분명하다. 인더스트리 4.0은 제조업 강국인 독일이 디지털 대전환기에 후퇴하지 않기 위해 독일의 제조업에 디지털을 융합해서 혁신을 도모하는 전략이다. 스마트 팩토리는 인더스트리 4.0 을 대표하는 개념이다. 인더스트리 4.0 에는 중국제조 2025를 관통하는 자국산의 시장점유율 목표 설정이나 외국인 투자 차별이 보이지 않는다.

외국 기업들의 불만은 중국제조의 불공정성에 집중되고 있다. 제조업 혁신을 가장한 중국 기업 보호정책이라는 비난이 고조되고 있다. 중국제조 2025 계획의 국가경제나 국가안보와 밀접하게 연관되어 있는 제조업 분야에 대한 투자, 인수합병, 경영권 취득 등에 대한 보안 심사 강화가 그 대표적인 원성의 대상이다. '국가경제나 국가안보와 연관된' 것이 무엇을 의미하는지 정확하게 정의되어 있지 않기 때문에 자의적으로 운영되어 규제의 예측 가능성도 없고, 외국 기업에게 차별적으로 운영될 가능성이 높다는 지적이다.

중국제조 2025에는 중국 기업들이 지역사회 간접자본 개발 사업의 대부분을 맡도록 할 것이라는 목표가 포함되어 있다. 2020년까지 핵심 인프라 자재나 부품 중 40%를 중국 내부에서 조달해야 하며, 2025년까지는 80%까지 자국 내에서 조달해야 한다고 명시되어 있다. 외국 기업들이 차별받고 불이익을 받게 될 것은 분명하다.

중국제조 2025는 공격적인 산업정책 실행을 위한 선언이다. 중국의 기술 굴기가 강력할수록 기존 국제통상 질서에 대한 회의도 짙어간다. 외국과의 경쟁을 차단하고, 정부 보조금을 마구 뿌리며, 자국시장에 진입한 외국 기업에겐 교묘한 방법으로 불이익을 주는 중국식 기술굴기는 기존 국제통상 질서의 유효성에 강한 회의를 심어주고 있다. 중국에 진출한 한국 기업들이 바로 그 피해자들이다. 전기차 배터리 보조금 약속을 믿고 중국에 공장을 세운 삼성SDI와 LG화학은 기술력이 훨씬 뒤떨어지는 중국 배터리 업체에게 시장을 빼앗겼다. 이런저런 규제를 내세우는 중국 정부를 감당할 수 없었기 때문이다. 한국정부가 통상장관회의 등 여러 경로를 통해 문제를 제기했지만 중국은 개의치 않고 자의적으로 규제를 바꾸고 있다.

한국 전기차 배터리 제조업체의 수난사를 통해 볼 수 있듯, 외국 기업들은 그 도전에 제대로 맞서기 어려울 것이다. 중국제조 2025는 뉴노멀 시대에 현존하는 수많은 갈등 요인 중 하나일 뿐이다. 중국이 적대적 인수합병을 통해서 외국 기술을 탈취하려는 모습이 포착되면서 특히 미국에 경계심을 불러일으켰다. 갈등 요인들은 중국의 항공우주산업에 대한 외국계 기업 탄압, 중국 투자의 선결 조건으로 기술 이전을 강요하는 것, 기술 탈취 및 지식재산권 위반 등 끝없이 이어진다.

기술굴기로 미국을 추월하려는 중국

기술 변화기는 늘 새로운 승자를 만들어냈다. 1990년대 정보통신기술의 혁명은 한국을 IT 강국으로 탄생시켰다. 1980년대 후반 IT 개도국이었던 한국은 디지털 이동통신으로의 변화 시기를 선진국 도약의 계기로 이용했다. 우편배달과 전화 사업을 해오던 체신부는 시대의 변화를 감지했지만 변화를 기회로 활용하는 정부 능력의 부족함을 인정하고 싱크탱크^{think thank}에 청사진을 그릴 것을 주문했다.

독점과 규제 일변도 정책으로는 기회를 포착할 수 없다는 인식이 모아졌고, 민간의 창의와 활력을 도입하기로 방향을 정해 경쟁 도입, 개방, 자율화라는 큰 원칙을 세우고 정부는 규제 개편과 민영화를 추진하였다. 이런 청사진 아래에서 전화사업에 경쟁이 도입되고, 이동전화에 민간 신규 사업자들이 진입하고, 전국을 연결하는 초고속 인터넷망이 구축되었다. 20세기가 끝날 때, 세계는 한국을 IT 최강선진국으로 칭찬하기 바빴다. 당시의 추진 전략은 철저한 '불균형 발전' 전략이었다. 타 경제부처는 IT에서 번 돈을 그들도 같이 공유해야 한다고 주장했지만, '산업화는 늦었지만 정보화는 앞서가자'는 의지를 넘을 수는 없었다. 싱크탱크와 민간이 참여하는 연구개발추진 체계는 한국의 IT기술과 역량을 획기적으로 끌어올렸다. 이때 축적된 역량을 바탕으로 삼성은 전자제품에서 소니를 추월하고, 통신에서 에릭슨과 노키아를 누를 수 있었다.

표 4. 중국제조 2025

중국제조 2025 10대 분야	관련 산업
전기자동차, 연료전자차 및 배터리 부품 개발	신에너지 자동차
심해 탐사, 해저 정거장, 크루즈선 등 개발	첨단 선박 장비
신재생에너지 설비 등 개발	신재생에너지 장비
고정밀·고속·고효율 수치 제어 기계 개발 헬스케어·교육·오락용 로봇 개발	산업용 로봇
원격 진료 시스템 등 장비 개발	첨단 의료기기
대형 트랙터와 수확기 등 개발	농업 기계 장비
반도체 핵심 칩 국산화, 5G 기술 개발, 빅데이터 처리 애플리케이션 개발	반도체칩(차세대 정보 기술)
무인기, 첨단 터보엔진, 차세대 로켓, 중형 우주발사체 등 개발	항공우주 장비
초고속 대용량 궤도 교통 설비 구축	선진 궤도 교통 설비
나노 그래핀 초전도체 등 첨단 복합 소재 개발	신소재

지금의 중국을 보면 그때의 한국이 떠오른다. 기술 변화기라는 변곡점과 강력한 추진체계를 갖춘 중국. 미국의 견제를 뚫고 중국은 기술굴기를 할 수 있을 것인가? 중국의 최대 강점은 8억의 인터넷 사용자들과 그들이 생산해내는 빅데이터다.

포털 검색, 온라인 쇼핑, 음식 배달, 차량 호출, 모바일 결제 등으로 축적되는 빅데이터는 중국 기업들에게 보물창고가 되었다. 중국의 구글이라 할 수 있는 바이두가 3년간 AI 인재 10만 명을 키우겠다는 야심찬 계획을 할 수 있는 것도 이런 기반에서 나온다. AI 분야에서 미국에 뒤처져 있는 중국이지만, 2030년 AI 세계 1위라는 목표가 공허한 구호만이 아닐 듯하다.

중국은 자국 시장의 빗장을 걸어 잠그고 지난 10년 동안 엄청난 규모와 빈도의 실험으로 선진국의 앞선 경험에 필적하려는 의도적인 시도를 해왔다.[41] 기술 변화의 변곡점에서 강력한 추진 체계를 갖춘 중국은 미국의 견제를 뚫고 기술굴기를 할 수 있을 것인가.

거세어지는 미국의 중국 견제

중국의 기술굴기가 선명해질수록 미국의 견제도 강해지고 있다. 중국 정부가 '중국제조 2025'의 고삐를 조일수록, 미국은 더 노골적으로 중국을 압박하고 있다.

1. 2015년 가을, 미국 LA 공항으로 입국하던 한 중국 과학자가 현장에서 스파이 혐의로 체포되었다. 미국 유학을 끝내고 미국 기업에서 일할 때 안보에 민감한 정보를 중국으로 유출했다는 혐의가 적용되었다.

2. 세계 시장의 70% 이상을 석권하고 있는 DJI의 드론에 미국이 제동을 걸었다. 2017년 11월 미국 《뉴욕타임스》는 미국 국방성이 드론의 비행 과정에서 교환되는 비행 장소, 비행시간 등의 정보들이 유출될 가능성

을 의심하고 있다고 보도했다.

3. 2018년 3월, 트럼프 미국 대통령은 브로드컴Broadcom의 퀄컴Qualcomm
   인수를 금지하는 명령에 서명했다. 반도체 시장에 핵폭풍을 몰고 올
   초대형 합병이 거대한 장벽에 막히게 됐다. "싱가포르 법에 따라 운영되
   는 브로드컴이 퀄컴을 인수할 경우 미국 국가안보를 위협할 가능성이
   있다"면서 합병 금지 이유를 밝혔다. 이 결정은 미국 외국인투자심의위
   원회CFIUS,Committee on Foreign Investments in the United States의 권고를 받아들
   여 이루어졌다. 기업들 간의 인수합병거래 조건이 합의되지 않은 상태에
   서 CFIUS가 관여하는 것 매우 이례적인 일이다. 미국은 브로드컴이 싱가
   포르 국적의 회사지만 그 뒤에 어른거리는 중국의 그림자를 보았다.

4. 2018년 4월 하순, 중국 2위, 세계 4위 통신장비업체인 중국 ZTE가 미
   국 정부로부터 철퇴를 맞았다. 향후 7년 동안 미국산 제품을 ZTE에 판
   매 금지한다는 명령이 떨어졌다. 미국이 경제 제재를 가하고 있던 이
   란과 수상쩍은 거래를 하다 발각된 ZTE가 미국 정부의 시정명령을 제
   대로 지키지 못했다는 이유 때문이다. ZTE의 주가는 폭락했다. 시장에
   는 ZTE가 파산할지도 모른다는 흉흉한 소문이 돌았다.

중국에 대한 미국의 감시망은 전방위로 확대되고 있다. 시진핑 집권 이

후 중국이 본격적인 기술굴기를 대외적으로 선언하고, 미국에게 중국을 대국 Great Power으로 인정하고 합당한 대우를 요구한 이후, 미국은 그간의 중국이 미국의 체제에 수렴하리라는 오랜 꿈에서 깨어났다. 2016년을 계기로 본격화되고 있는 중국의 미국 내 투자는 미국의 일자리 창출, 경제 활성화라는 무지갯빛 시각보다는 기술을 가져가고, 인력을 데려가려는 시도로 인식하기 시작했다. 미국에 공장을 짓거나, 기업을 인수하려는 투자 계획을 개별 투자자나 기업의 독립적인 경제 행위가 아니라 중국 공산당이 만들고, 중국 정부가 지휘하는 작전 계획에 따라 벌어지는 움직임으로 보는 시각이 등장하기 시작했다.

사이버 보안

미국 국무부는 세계 시장을 석권하고 있는 중국 DJI의 드론 사용 제한령을 내린다고 2017년 미국 언론이 보도했다. 드론을 운용하는 과정에서 수집된 정보가 민간기업인 DJI의 손을 떠나 중국공산당으로 넘어가는 경우 심각한 안보위협에 처할 수 있다는 것이 미국의 판단이다. DJI가 확실한 방법으로 의심을 벗지 못한다면, 가장 큰 시장인 미국을 포기해야 할 수 있다. 호주 또한 비슷한 이유보안로 중국의 대표 IT기업 텐센트의 위챗WeChat 사용 제한을 발표했다.

사이버 보안 관련 미국과 중국의 갈등은 해묵은 것이다. 2015년 오바마 대통령은 시진핑 주석과의 정상회담에서 중국 정부가 미국 기업의 전산망을 해킹하여 기업정보를 중국 기업에 제공했다는 물증을 제시하면서 몰아세웠다. 중국 정부가 재발 방지를 약속하고 봉합되었지만, 미국의 의심은 여전하다. 중국의 해킹 능력이 제거된 것이 아니기 때문이다. 2018년 퓨 서베이에 따르면 미국인의 87%가 중국의 사이버 공격을 심각하게 생각하고 있다고 한다. 미국인들이 중국과의 무역수지 적자, 중국과의 경쟁으로 인한 일자리 위협의 심각성보다 사이버 공격을 더 심각하게 느끼고 있음은 무엇을 의미하는 것일까.

화웨이는 미중 기술전쟁의 최전선에 있다. 중국의 대표적인 통신장비기업인 화웨이와 ZTE는 미국에서 활동이 자유롭지 못하다. 2018년 초에 ZTE는 미국 정부의 제재로 존폐의 기로에까지 내몰렸다. 4차 산업혁명의 핵심 기반인 5G를 구현하는 데 국가적인 총력을 기울이고 있는 중국, 중국 정부의 전폭적인 지원을 받고 있는 화웨이와 ZTE는 미국 내에서 그들의 장비 사용이 실질적으로 금지 당하는 상황에 처해 있다.

지식재산권

중국의 지식재산권 침해는 해묵은 논쟁거리이다. 1990년대 미국은 중국과 지식재산권 협정까지 맺었지만, 현실은 협정과는 거리가 멀다. 중국도

이 점에 대해서는 강하게 부정하지 못한다. 중앙정부는 강력한 의지를 가지고 있고 지속적으로 단속하고 있지만 지방에서 벌어지는 위반 사태는 힘이 미치지 못한다는 식의 중국답지 않은 변명으로 일관해 오고 있다. 중국이 짝퉁, 싸구려 제조업 위주에서 첨단 신산업 쪽으로 방향 전환을 하면서 이 문제는 더 뜨거워지고 있다. 지금 벌어지고 있는 미중 무역전쟁의 도화선을 미국이 해묵은 지식재산권으로 잡은 것도 이런 맥락에서이다.

미국의 지식재산권침해위원회TCTAIP는 미국이 전 세계적으로 지식재산권 침해로 입는 손실이 약 6,000억 달러에 달하며, 이 가운데 87%가 중국에서 기인한다고 밝혔다. 미국이 무역전쟁을 불사하면서 지식재산권 침해를 방어하고 나선 것은 인공지능과 같은 첨단산업에서 중국이 지식재산권을 도용하는 것을 막기 위해서다. 중국의 지식재산권 침해에 대응하는 조치로 미국은 1,300여 개의 품목에 25%의 추가 관세를 부과할 500억 달러약 54조 원 상당의 품목을 제시했다. 미국무역대표부가 지목한 대상 품목은 항공우주, 반도체, 산업로봇, 정보통신, 바이오 신약기술 등 첨단 분야가 포함됐다. 중국제조 2025에서 전략적으로 중국이 기술굴기를 도모하고 있는 분야가 집중 타깃이 됐다.

화웨이와 함께 중국을 대표하는 통신제조업체인 ZTE는 2018년 초, 미중 무역전쟁 발발 초기 포연의 최전선에 있었다. ZTE가 쟁점으로 떠오른 이유는 미국의 이란 수출 금지령을 위반한 혐의로 제재를 받았는데, 시정 의무를 제대로 이행을 하지 않았다는 이유로 추가 제재를 받았기 때문이다. ZTE는 2017년 3월에 미국으로부터 벌금을 부과받고, 관련 제재 위반에 가담한 임직원을 징계하기로 약속했다. 그러나 시정 의무를 제대로 이행하지 않았다는 이유로 2018년 4월 추가 제재를 받았다. 추가 제재의 내용은 ZTE에 대해 7년 동안 미국 기업과의 거래 금지였다. 핵심 부품을 미국에 의존하고 있는 ZTE에게는 날벼락이었다.

ZTE에 제동이 걸린 것은 2016년 3월부터이다. 미국 상무부는 중국 ZTE에 대한 미국산 부품 수출을 공식적으로 금지하겠다고 선언했다. 미국의 대이란 수출 금지령을 어기고 미국 업체들마이크로소프트, IBM, 오라클, Dell 등의 제품을 이란 최대 통신사인 TCI에 공급했다는 것이 이유였다. 미국 정부가 확보한 ZTE의 내부문서에 따르면 ZTE는 이란 외에도 북한, 시리아, 쿠바, 수단 등 금수 조치된 주요 5개국과 거래를 한 것이 밝혀졌다.

미국은 ZTE가 2010년 1월부터 2016년 3월까지 미국의 수출통제법 및 대이란 제재법을 위반했으며, 이를 통해 4,000만 달러의 불법 수익을 누렸다고 비난했다. 수출이 금지된 통신장비를 북한에 283회나 수출했으며, 미국의 휴대전화와 통신장비를 수입한 뒤 이란으로 불법 수출한 건수는 251건이라고 미국 정부는 발표했다. 이런 의혹에 근거하여 2017년 미국 상무부는 ZTE와 벌금과 관련 직원 처벌에 합의했다. 그런데 ZTE가 이런 합의를 제대로 이행하지 않고, 오히려 해당 직원이 처벌이 아닌 막대한 보너스를 받은 것으로 확인되면서, 미국 정부는 ZTE에 향후 7년간 미국 기업과 거래를 할 수 없도록 추가 제재 조치를 했다.

ZTE는 통신장비에 들어가는 부품의 25~30%를 미국에서 조달하는 것으로 알려져 있다. 휴대폰 생산에 들어가는 부품의 1/3은 미국 퀄컴과 인텔에서 조달한다. 통신장비의 핵심 부품인 반도체, 스토리지 시스템, 광학 부품 역시 미국에서 수입하고 있다. 반도체는 퀄컴, 인텔, 마이크론 등에서, 광학 부품은 메이너드, 아카시아, 오클라로, 루멘텀, 소프트웨어는 마이크로소프트, 오라클 등에서 수입하고 있다. 핵심 기술과 부품은 거의 다 미국산을 사용하고 있는 상황에서 미국 기업과의 거래 중지는 ZTE의 통신장비 제조에 심각한 타격을 줄 수밖에 없었다. 미국의 제재가 시작된 날부터 홍콩과 중국 선전 증시에 상장된 ZTE 주식의 거래는 중단됐다. 4월로 예정됐던 연례 주주총회도 무기한 연기됐으며, 부품 조달에 어려움을 겪으면서 선전에 있는 공장은 가동을 멈췄다. 공장 근로자들은 2~3일 간격으로 연수를 받거나 장기 휴가를 갔으며, 중국 내의 ZTE 스마트폰 온라인 판매도 중단됐다. ZTE가 스마트폰 사업부를 매각한다는 보도가 이어졌다.

존망의 위기에 몰린 ZTE는 시진핑 주석의 필사적인 구명 노력으로 가까스로 위기에서 벗어나게 된다. 2018년 5월 15일, 트럼프 대통령은 ZTE 제재를 철회한다고 자신의 트위터에 밝혔고, 5월 27일 트럼프 대통령과 시진핑 주석은 ZTE 제재 완화에 대해 합의했다. 제재를 푸는 대신 ZTE가 10억 달러의 벌금, 30일 이내의 경영진 교체, 향후 10년간 중국어를 구사하는 미국인으로 구성된 준법팀 운영 등의 조건을 수용했다고 미국 상무부가 발표했다. 이러한 상황의 반전에 대한 미국 내 여론은 그리 호의적이지 않았다. 미국 정치권은 강력하게 반발했고, ZTE 제재 해제를 무력화하는 법안이 발의되었나. 이 법안에는 ZTE에 대한 제재를 원상복구하고 미국 정부 기관은 ZTE는 물론 화웨이의 통신장비 구매 금지하라는 내용이 포함되어 있었다.

ZTE 사태는 중국에게 미국과의 기술 협력을 통해 중국의 기술 수준을 높이려는 구상은 모래성과 같을 수 있다는 것을 일깨우는 계기가 되었다. 미중 관계가 협력적 경쟁에서 대립적 갈등으로 옮겨 갈수록, 예전과 같은 미국의 핵심 기술에 의존한 중국의 기술 추격은 더 이상 불가능하다는 냉정한 현실을 중국 정부는 받아들여야 했다. 중국의 양적 팽창에도 불구하고 핵심 기술을 미국에 의존하고 있는 현실에서는 미국에게 열세일 수밖에 없음을 중국공산당 지도부는 분명히 인식하게 되었다.

ZTE뿐만 아니라 화웨이, 바이두, 알리바바, 텐센트 등 중국의 주요 IT기업들 역시 미국에 의존하고 있다. 중국의 IT기업뿐 아니라 중국은행, 중국공산은행 등 많은 중국의 기업들도 미국의 기술에 의존하고 있다. 중국의 IT기업들은 애플, 구글, 마이크로소프트, 퀄컴 등이 제공하고 있는 소프트웨어와 지식재산권^{IPR}을 활용하고 있다. 2017년 세계 20대 반도체 기업 가운데 13개가 미국 기업이다. 중국의 반도체 수준은 아직까지 국제 첨단 수준에는 한참 미달인 것으로 알려져 있다. 메모리 분야 역시 미국의 마이크론과 한국의 삼성, 하이닉스 등이 독점하고 있는 상태다. 그뿐만 아니라 D램과 낸드플래시 역시 전적으로 수입에 의존하고 있다.

ZTE 사태는 중국 정부와 지식인들에게 기술굴기의 중요성을 각성시키는 계기가 되었다. ZTE 사태를 계기로 중국 내에서는 "언제 우리가 미국에게 기술 달라고 했냐", "미국이 기술을 줄 것처럼 생각했다면 그것은 환상이다", "미국에게 기술 구걸하지 말고 중국 스스로 확보해야 한다"는 '기술 자립'의 목소리가 더욱 강해지고 있었다. 시진핑 주석은 중국의 개혁개방 40주년인 2018년 10월 기념행사에서 '기술 자립' 없이는 중국몽의 달성은 없다고 강조하기에 이른다.

미국의 관점에서 ZTE 사태는 중국은 신뢰할 수 없다는 인식을 더 강화하는 계기가 되었다. 말로는 제재를 이행한다고 해놓고 이행하지 않고 있었다는 것은 미국의 법망을 기만할 수 있다는 생각 때문이 아니었을까. 철저한 법 이행이 무엇보다도 강조되는 미국 시스템에 대한 이해가 부족해서인가 아니면 미국 시스템의 허점을 노릴 수 있다고 자신해서인가. ZTE 사태는 중국에 대한 경각심을 일깨워 주었다. 중국과 상대할 때는 반드시 약속을 제대로 이행하는지 감시를 해야 한다는 인식을 확인시켜 주었다.

미국에서 영업 행위를 하는 중국 기업의 미국법을 위반해서 제재를 받았고, 그 제재를 제대로 이행하지 못했다는 것이 ZTE 사태의 실체적 진실이다. 그러나 ZTE 사태는 중국에게는 기술굴기의 결기를 되새기게 했고, 미국에게는 중국경계령을 더 강화하는 계기가 되었다. 후일 역사는 ZTE 사태를 어떻게 기록할까.

화웨이, ZTE는 중국공산당의 통제 아래 있는가?

화웨이와 ZTE는 공식적으로 민간기업이다. 하지만 미국을 중심으로 중국 바깥에서는 화웨이와 ZTE가 중국공산당의 실질적 영향력 아래에 있다는 의구심을 지속적으로 제기해 왔다. 그 논란의 중심에는 두 회사의 불투명한 지배구조가 있다.

화웨이는 주식시장에 상장되지 않은 비상장사이다. 때문에 주주 구성 자체가 베일에 가려져 있다. 언론 보도에 따르면 주식의 98.6%를 노동조합인 공회에 가입한 직원이 갖고 있다고 한다. 직원은 재직 중 소유한 주식을 팔 수 없으며 퇴사하면 반납해야 한다. 런정페이 회장의 지분은 1.4%에 불과한 것으로 알려져 있다.

그리고 화웨이 주주^{노동자}를 대표하는 '투자지주조합'에서 이사회를 이끌 이사들을 선출하는 것으로 알려져 있다. 그 선출 절차는 외부에 공개되지 않는다. 중국 정부는 공식적으로 화웨이 주식을 단 한 주도 가지고 있지 않지만,

공회가 중국공산당의 직접 감독을 받는 하부조직이라는 점이 의혹의 핵심이다. 공회는 단순한 노조가 아닌 사회주의체제를 지탱하는 사회단체이다. 중국의 공회법에는 '공회가 공산당의 기본노선, 방침, 정책 등을 견지하고 당의 지도사상을 관철한다'고 명시되어 있다. 서구의 종업원 지주회사와 큰 차이가 있다.

전문가들은 화웨이의 이런 지배구조가 '눈속임'이며, 화웨이는 사실상 중국 정부가 통제하는 기업이고 이를 '노동자 소유 기업'이라는 외피로 은폐하고 있다고 분석한다. 런정페이 회장은 인민해방군 정보기술학교 출신이며 중국공산당과 관련된 경력도 있는 것으로 알려져 있다.

ZTE는 1985년 국유기업으로 설립되었고, 1997년 민간기업으로 전환되었다. ZTE는 선전과 홍콩 증시에 상장되어 있다. ZTE의 최대 주주는 중싱신中興新이라는 회사로, 2015년 기준 30.5%를 소유하고 있고 나머지 70%는 주식시장에서 거래될 수 있다. 중싱신의 최대주주는 중국 국무원 국유자산감독관리위원회에 속하는 중국 항톈과학기술그룹中国航天科技集团과 중국과학공업그룹中国科工业集团이다.

ZTE의 지배권을 가지고 있는 중싱신의 총 주식 51%가량을 중국 정부가 가지고 있어, ZTE는 여전히 중국 정부의 지휘권 아래에 있다고 평가된다.

미국의 중국투자 견제 장치 : CFIUS

　세계 최대의 M&A라고 주목을 받은 브로드컴의 퀄컴 인수계획을 좌절시킨 외국인투자심의위원회는 M&A를 시도하는 외국 기업이 나타났을 때, 미국의 국가 안보에 위협이 되는지를 판단하는 기구이다. CFIUS가 문제를 제기하는 대부분의 M&A 사례는 중단되거나, 전면 수정이 되어 왔다.

　2013~2015년 사이 CFIUS의 심의를 거친 국가별 M&A 사례는 중국이 74건으로 가장 많다. CFIUS가 2015년 미 의회에 제출한 연차 보고서에 따르면 2013년부터 2015년까지 CFIUS가 심사한 387건의 사례 중 중국은 20%를 차지한다. 같은 기간 중 두 번째와 세 번째로 많은 심사 대상으로 오른 캐나다의 49건, 일본의 40건을 압도하는 수치이다.

　트럼프 정부는 2017년 국가안전보장전략National Security Strategy 보고서에서 중국을 염두에 두고 "미국의 지적 재산, 데이터를 훔쳐 악용하고, 미국의 정치에 개입하고, 항공우주산업을 노리고, 중요한 인프라를 위험에 노출시키고 있다"고 지적한 바 있다. 마이크 콘웨이 미 공화당 하원의원은 2018년 1월에 화웨이와 ZTE의 통신장비 및 서비스를 미국 정부 기관이 사용하지 않도록 하는 법안을 발의했다. 트럼프 대통령이 화웨이 장비를 금지하는 행정명령에 서명할 것이라는 보도는 2019년 초부터 나오고 있다.

민간기업 뒤에 어른거리는 중국 정부의 그림자
— 브로드컴의 퀄컴 인수 좌절

2018년 3월 트럼프 대통령은 미국 기업에 대한 외국인의 투자를 심사하는 CFIUS의 권고를 받아 싱가포르에 본사를 둔 브로드컴의 미국 퀄컴 인수합병을 무산시키는 행정명령을 내렸다. 반도체업계 사상 최대 규모^{약 125조 원}의 인수합병은 미국 정부에 의해 무산되었다. CFIUS는 "브로드컴의 퀄컴 인수는 화웨이를 이롭게 할 것"이라며 "화웨이 등 중국 통신기업이 5G 분야 등에서 우위를 점하는 것은 미국의 안보에 현저하게 악영향을 미칠 것"이라고 지적했다.

화웨이의 휴대폰은 브로드컴의 반도체 칩을 쓰고 있다. 퀄컴은 5G 칩세트 개발을 놓고 화웨이와 경쟁하고 있는 상태다. 또한, 퀄컴은 원래 미국회사였지만 싱가포르 아바고가 인수한 브로드컴이 퀄컴의 경쟁자이기도 하고 중국 화웨이와 오랫동안 관계를 맺어 왔다는 점을 미국은 우려했던 것으로 보인다. 싱가포르 회사인 브로드컴이 퀄컴을 인수해 퀄컴에 대한 연구개발 비용을 대폭 줄이면, 미국 회사가 5G 상용화 경쟁에서 화웨이에게 뒤지거나 5G 기술의 주도권을 중국에게 뺏길 수 있다는 점도 인수합병 무산 이유로 작용했다.

2018년 의회에서 통과된 수정 입법은 CFIUS가 기존 '국가안보에 위협이 되는 M&A'의 범주를 '경제안보'의 개념까지 확대할 수 있다는 내용을 포함하고 있다. '특별 관심 국가'의 자본이 미국의 첨단기술 및 안보 관련 기업에 투자할 때 허가 요건을 크게 강화하여 적대적 인수합병이나 핵심 기술 유출을 막는 내용의 '외국인 투자리스크 심사 혁신법FIRRMA, Foreign Investment Risk Review Modernization Act'이란 이름의 이 수정 입법은 중국의 M&A 뿐만 아니라 그린필드형 투자까지 심의하겠다는 의지를 명확히 보여주고 있다. '특별 관심 국가'라고 하지만 사실상 중국을 겨냥하고 있다고 볼 수 있다. 이 법에는 투자국의 상호호혜성reciprocity을 평가하겠다는 항목도 포함되어 있다. 중국이 자국의 시장을 개방하지 않는 한 미국기업과의 M&A는 더욱 어려워짐을 의미한다. 이 법안은 합자 회사 또는 외국인 지분이 작은 회사라도 핵심 기술, 기반 시설 관련 분야, 외국으로의 기술 이전과 관련된 경우 CFIUS의 심의를 받도록 하는 내용을 담고 있다. 또한, 군 시설을 포함한 안보 관련 시설과 인근의 부동산에 외국 자본이 투자할 경우에도 CFIUS 심의를 거치도록 했으며, CFIUS에 인수 · 합병 등의 거래를 중단시키거나 조사 중인 사안에 새로운 요구 조건을 추가할 권한도 부여했다. 중국 자본이 미국 기업과의 합작 투자를 통해 첨단 핵심 기술을 빼 가거나 미국의 주요 기술기업을 인수하기가 어려워지게 될 전망이다.

푸젠진화 : 제2의 ZTE 사태

중국은 반도체 굴기를 꿈꾼다. 현재 10% 부근에 머물고 있는 반도체의 자립 수준을 2030년에 70%까지 높인다는 꿈의 계획이 만들어졌다. 중국이 반도체 굴기를 실현하는 방식은 국가대표선수 선발, 집중 육성이 있다. 집중 육성 기간에는 외국 기업과의 경쟁 차단 등 전형적인 산업정책의 수단이 총동원된다. 그 반도체 굴기는 미국의 집중 견제를 받고 있다.

2018년 10월, 미국 상무부는 중국 메모리 반도체 업체인 푸젠진화福建晉華에 미국산 반도체 장비와 부품, 기술, 소프트웨어 수출 금지 명령을 내렸다. 중국 D램 제조업체인 푸젠진화는 2016년에 탄생한 햇병아리 신생기업이다. 푸젠진화가 주목받는 것은 중국제조 2025의 핵심인 반도체 굴기 산업정책의 실체이기 때문이다. 푸젠진화는 허페이창신合肥長鑫, 칭화유니清華紫光와 함께 중국이 국가대표로 키우고 있는 기업이다. 푸젠진화는 그동안 대만 반도체 업체인 UMC와 기술협력을 맺고 메모리 D램 제조라인 1기를 구축해 왔다. 푸젠진화의 D램 양산까지는 불과 몇 개월 후면 가능하다는 관측은 미국의 제재로 어긋나게 되었다.

미국은 왜 푸젠진화에게 칼을 빼 들었을까? 마이크론은 푸젠진화와 기술도용 관련 법적 다툼을 벌이고 있다. 마이크론은 2017년 12월 대만 반도체 업체 UMC와 푸젠진화를 기술도용 혐의로 고소했다. 마이크론은 자사의 직원이 기술 자료를 빼돌려 대만 UMC 경영진에게 넘겨줬고, UMC는 푸젠진화에 이 기술을 넘겨주었다고 의혹을 제기한다.

한국기업들과 메모리 시장에서 힘겨운 경쟁을 벌이고 있는 마이크론은 푸젠진화의 메모리 반도체 양산이 본격화되면 경쟁에서 더 열세에 처할 것으로 우려해 왔다. 그래서 기술도용 소송으로 푸젠진화의 약진에 제동을 걸려고 했다. 푸젠진화는 이에 맞서 마이크론을 기술 침해를 이유로 중국법원에 제소했다. 중국법원에서 진행된 소송에서 푸젠진화가 승소하면서, 마이크론 중국법인은 일부 반도체 제품의 수입판매 금지 처분을 받았다. 마이크론은 전체 매출의 절반이 중국에서 발생되는 만큼 소송 패소로 인한 충격은 심각했다. 중국법원의 판결 이후 미국 정부의 행보는 빨라졌다. 미국 상무부는 미국 기업이 푸젠진화에 반도체 장비와 부품, 기술, 소프트웨어를 수출하지 못하게 했다. 미국 법무부는 푸젠진화와 대만 UMC, 이들 회사 직원 3명을 마이크론의 영업 비밀을 훔친 혐의로 기소했다.

미국의 푸젠진화에 대한 제재는 제2의 ZTE 사태를 방불케 했다. 2018년 말까지 D램 양산에 돌입한다는 푸젠진화의 목표는 실패로 돌아갔다. 시제품조차 내놓지 못했다. 중국 반도체 회사에 메모리 기술을 전수해온 '다리' 역할을 해온 협력기업인 대만의 UMC가 기술자들을 철수시킨다는 보도가 나왔다. 시장에서는 'UMC가 푸젠진화에서 손을 뗀다'는 소문이 돌았다. 수조 원을 투자한 생산설비는 쓰레기가 되어 버렸다. 미중 무역전쟁은 중국의 반도체 굴기에 치명상을 입혔다. 중국은 다시 일어날 수 있을까.

미국은 중국을
제압할 수 있을까?

역사는 반복되는가?

미일 관계는 중대한 시점에 돌입했다. 급속도로 반일정서가 상승하고, 절대 다수의 미국인들은 일본을 경제적 위협으로 간주하고 있다. 미국의 만성적인 대일 무역수지 적자는 쌓여 가고, 일본은 난공불락이다. 일본이 무역장벽으로 미국의 시장 진입을 막고 있다는 것은 의심의 여지가 없다.

모든 전임 미국 대통령들은 일본이 시장을 개방한다는 약속을 받았지만, 정작 진전된 것은 없다. 개방 약속을 담은 서류 뭉치에는 먼지만 자욱하게 쌓여 간다. 우리는 말이 아닌 행동을 원한다. 일본의 무역장벽을 제거하려면 일관되고 지속적인 압력을 행사해야 한다. 일본은 자유무역 체제의 최대 수혜자이면서도, 정작 자국 시장은 자유무역으로부터 폐쇄하고 있다. 미국은 일본의 개방을 언제까지 기다리고만 있지는 않을 것이다.

1990년 3월, 미국 의회 상원 무역 소위원회에서 진행 중인 미일무역협상에 대한 청문회가 열렸다. 상원의원 맥스 보커스Max Baucus 무역소위 위원장은 개회사에서 "일본의 폐쇄적인 시장, 무력한 미국 정부의 대응"에 대해 경고하고 나섰다.

일본 경제의 거칠 것 없는 상승 기세가 이어지던 1980년대. 한때 미국에서 저품질의 싸구려라며 조롱거리였던 일본 제품은 더 이상 없었다. 일본은 이제 탄탄한 품질과 매력적인 가격으로 미국 소비자들의 마음을 사로잡는 데 성공했다. 일본 자동차와 가전제품은 경탄과 주목의 대상이었고, 미국 언론에서는 '일본이 몰려온다'며 호들갑을 떨었다. 서점에는《세계 1등 국가 일본 Japan as Number One》,《2등으로 전락한 미국Trading Places》등 선정적인 제목의 책들이 화제였다.

세계 최고의 제조업 대국 미국은 일본의 철강, 조선에 밀리기 시작했다. 산업의 '쌀'로 각광받기 시작한 반도체에서도 선두주자 미국은 일본의 거센 도전에 직면했다. 바야흐로 일본의 시대가 오는 듯했다. 기모노를 입은 자유의 여신상, 일본 엔화로 도배된 미국 부의 상징 록펠러 센터 등 미국 잡지들은 앞다투며 일본의 미국 융단폭격을 거부할 수 없는 현실로 묘사했다.

일본의 대약진은 미국 정계를 발칵 뒤집어 놓았다. 2차 세계대전에서 서로 적으로 만났던 미국과 일본. 미국은 일본을 패망시켰고, 전후 일본을 통치하면서 군국주의 일본을 법치와 민주주의 국가로 변모시켰다. 일본이 이렇게 빠른 속도로 미국을 추격해오리라는 것은 상상 바깥의 영역이었다. 보커스 상원의원의 연설이 있던 날로부터 29년 후인 2019년, 그의 연설에서 '일본'을 '중국'으로 치환해 보라. 미국은 놀랄 만큼 같은 상황에 처해 있지 않은가.

무역수지를 협상으로 해결하려던 시도는 전에도 있었다

미국은 주기적으로 외국 위협론에 빠져드는 듯하다. 1960년대에는 소련이 미국을 압도하고 미국을 위협한다는 우려가 확산되었다. 1980년대에는 일본이 미국을 추월한다는 우려가 퍼져 나갔다. 이젠 중국이 미국을 위협한다는 우려가 만연해 있다. 미국은 소련과의 냉전에서 살아남았다. 소련은 붕괴되고 미국은 역사의 승리자로 남았다. 미국은 일본의 추격을 뿌리쳤듯이 중국의 도전도 뿌리칠 수 있을까. 역사의 교훈이 있다면, 무역수지는 무역협정으로 해결할 수 없다는 것이다. 미국은 '폐쇄적인', '난공불락'의 일본시장을 개방시킨다는 목표로 레이건 대통령, 부시 대통령, 클린턴 대통령에 이르는 1980~1990년대 후반까지 모든 협상 역량을 총동원했다.

미국의 슈퍼 301조 무역보복의 위협 아래 일본시장 개방에 대한 협상이 진행되었다. 레이건은 몇몇 특정 분야를 골라 집중 공략하는 MOSS^{Market}

Oriented Sector-Selective 협상을 추진했고, 부시는 일본의 반경쟁적 · 담합적 · 차별적 국내 제도를 변화시킨다는 목표로 SII$^{Structural Impediments Initiative}$ 협상을 몰아붙였고, 클린턴은 일본의 산업정책을 문제 삼아 프레임워크^{Framework} 협상으로 일본을 압박했다.

초기에는 통신, 의료장비, 의약품, 전자제품, 자동차, 임산물 등 협상 대상이 되었다. 미국의 요구를 수용하지 않으면 일본산 제품의 미국시장 접근을 봉쇄하겠다는 미국의 협박 앞에 일본은 항복문서에 서명했지만, 달라진 것은 없었다. 미국산은 여전이 일본에서 팔리지 않았고, 무역수지 적자는 확대되었다.

미국은 더욱 강압적으로 변했다. 무역장벽이 해소되어도 외국에 폐쇄적인 일본의 제도, 정책, 관행이 변화하지 않으면 근본적인 해결이 없다는 인식으로 미국은 일본이 변화해야 한다고 주장하기에 이르렀다. 일본의 유통제도, 대기업들의 계열화, 소비보다 저축을 강조하는 일본의 거시 정책 등이 협상 의제가 되었다. 일본은 미국과의 무역전쟁으로 인한 파국을 피하려고 다양한 타협안들을 수용했다.

일본산 수출 제한과 미국산 수입 확대, 특정 분야에서 미국산의 일본시장 점유율 보장 등 자유무역체제에서는 금지된 위험한 발상들이 소곤거리기 시작했고 결국에는 채택되었다. 일본자동차협회는 '자발적'으로 일본 자동차의 미국 수출 물량을 축소하기로 했고, 일본철강협회 역시 '자발적'인 수출 물량 축소를 합의했다. 반도체의 경우, 미국과 세계 시장에서 일본 반도체 가격의 최저 가격을 일정 수준 유지, 일본시장에서 미국제품의 시장점유율 20% 보장 등이 합의되었다. 룰rule만 지키면 얼마든지 수출하고 수입할 수 있는 자유무역free trade은 사라지고, 특정 결과를 지향하는 관리무역managed trade의 시대가 도래했다. 그러나 미일 무역분쟁을 해결하기 위해 많은 무역협정들이 합의되고 서명되었지만, 무역수지 적자는 꿈쩍도 하지 않았다.

무엇이 문제였을까. 일본이 합의를 제대로 이행하지 않았을까. 미국이 더 개방해야 할 보이지 않는 또 다른 장벽이 있었을까. 무역수지는 일본의 폐쇄된 무역 제도나 규제정책 때문이 아니라, 일본인들이 미국인들보다 상대적으로 더 많이 저축하고 덜 소비하기 때문이고, 미국이 일본인들이 원하는 제품을 만들어내지 못했기 때문이라는 분석이 지배적이다. 불공정한 무역이 문제가 아니라 거시경제 변수와 경쟁력이 무역수지를 결정하는 핵심 요인이라는 것이다.

중국의 경우는 다를까?

1980년대 미국의 무역전쟁 상대는 일본이었다. 파죽지세로 치고 올라오는 일본의 추격 기세에 세계 최대 경제 대국의 위상이 흔들리고 있다는 위기의식은 미국 정가를 강타했다. 늘어만 가는 무역수지 적자는 위기의 징후였다. 일본과의 경쟁에서 궁지에 몰린 미국 철강 업계, 자동차 업계는 "일본은 자국 시장은 빗장을 걸고, 미국시장을 덤핑 공세를 앞세워 장악하려고 한다"면서 미국 정부의 강력한 대응을 주문했다. 반도체 업계도 뒤를 이어 압박해 왔다.

미국이 꺼내든 칼은 슈퍼 301조라는 신병기였다. "미국 정부가 불공정하다고 낙인찍은 국가, 낙인찍은 산업에서의 불공정한 무역 행태를 해소하지 않으면 무역 보복을 한다"는 법안을 여야 합의하에 제정했다. '일본 때리기 Japan Bashing'는 가장 인기 있는 정치 행보였다.

지금 미국이 중국과 벌이는 무역전쟁은 그때보다 한 걸음 더 나아갔다. "미국 정부는 이미 중국을 불공정한 국가로 낙인찍었다. 미국이 지목한 중국의 불공정한 무역 행태는 이미 엄청난 피해를 주었기에 그 피해만큼 관세 인상을 한다. 중국이 우리가 지목한 불공정한 행태를 지속한다면 관세 인상 폭을 더 높일 것이다"라는 것이 트럼프의 협상법이다. 먼저 관세 폭탄을 투하하고 상대를 협상장으로 불러냈다.

일본은 미일 무역분쟁을 해결하기 위해 타협적인 태도로 일관했다. 하지만, 무역수지 적자는 그 많은 합의에도 불구하고 변함이 없었다. 중국은 다를 수 있을까?

무역전쟁, 시작에 불과

미국의 중국에 대한 인식은 근본적으로 변화하고 있다. 트럼프 행정부의 시작을 알리는 첫해인 2017년, 12월에 공개된 미국의 안보전략보고서^{National} Security Strategy는 중국을 미국의 가치와 이익에 맞서는 패권 국가로 규정했다. 미국의 안보 분야 책임자들은 "중국이 비전형적인 수단을 동원하여 미국의 우위를 위협하고 있다"고 증언하고 있다. 1970년대부터 시작된 미국의 중국 포용전략의 큰 그림은 이제 박물관으로 갈 운명이다. 미중 간의 협력의 시대 는 가고 대립과 충돌의 시대가 막을 열고 있다.

중국의 자유무역 체제 편입을 후원했던 클린턴 행정부 8년, 미국은 중 국이 '거스를 수 없는 변화의 길'로 들어섰다고 믿었다. 부시 행정부 8년, 미국은 중국의 거침없는 경제적 상승세를 두고 중국이 자유무역 체제의 혜 택을 마음껏 누리는 만큼 책임을 다해야 한다면서 중국의 변화를 재촉했 다. 오바마 행정부 8년, 중국은 더 적극적이고 도발적인 국가로 변했다. 국 제사회에서의 책임보다는 중국의 핵심 이익을 미국이 인정해야 한다는 공 세를 본격화했다. 중국의 '도발적 공세'에 미국의 '전략적 인내'는 무력하고 답답했다.

21세기가 문을 열 때 미국의 1/10에 불과했던 중국의 경제 규모는 이제 미국의 70%까지 치고 올라갔다. 미국은 여유가 없어지고 초조해졌다. 반대 로 중국은 자신감으로 넘쳐났다.

트럼프 행정부는 미중 관계를 재정립하려고 한다. 미중 무역전쟁은 미중 관계 리셋의 신호탄이다. 미국과 중국이 관세전쟁을 멈추더라도 미국과 중국 이 무역 관계는 과거로 돌아가지 않을 것이다. 트럼프가 중국의 타협안을 수

도표 21. 미중 무역전쟁의 다차원성

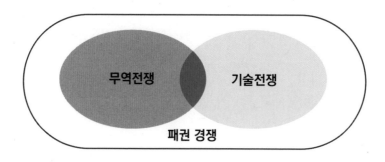

용한다 해도 중국의 기술굴기는 계속될 것이고, 기술 주도권 경쟁은 지속될 것이다. 미·중 패권 경쟁은 이어질 것이다.

　미중 무역전쟁이 시작된 것은 트럼프 때문이라는 것이 중국 측 주장이지만, 트럼프가 선전포고를 하게 만든 원인은 중국이 제공했다. 미국이 애써 가꾸어 온 다자자유무역 체제 안에서 중국과의 갈등 해소를 포기하고, 전면적 양자 관계로 돌파하기로 작정한 것은 세계 무역 질서가 질서에서 혼돈으로, 규범에서 힘의 논리로, 자유무역에서 관리무역으로 이동했음을 의미한다. 미국과 중국이 자신의 목표를 위해 기존의 규범과 제도를 무시하고 힘으로 상대국을 몰아붙이는 '뉴노멀New Normal' 시대로 이미 들어섰다.

트럼프는 미중 무역전쟁을 승리로 끝낼 수 있을까?

2016년 대선 유세에서 트럼프가 내 건 슬로건은 '다시 한번 미국을 위대하게Make America Great Again'이다. 'Make America Great Again'이라고 새긴 빨간 야구모자를 쓰고 유세장을 누빈 트럼프는 기염을 토했다.

"위대했던 미국이 언제부터 이렇게 침몰했습니까. 그것은 바로 잘못된 무역정책 때문입니다. 저는 반드시 오래된 이 역사적 잘못을 바로잡고 말겠습니다."

트럼프는 '미국의 경제독립선언'이란 제목을 건 유세에서 '일자리 되찾아올 7가지 방법'을 공약으로 내세웠다.2016년 6월 28일 유세

1. 미국의 환태평양경제동반자협정에서 탈퇴.
2. 미국 노동자를 위해 싸워줄 터프하고 스마트한 무역협상가 임명.
3. 상무부 장관에게 '미국 노동자에게 해를 끼치는' 외국의 무역협정 위반 사례를 모두 철저하게 조사하라고 지시하여 외국의 모든 불법 행위를 적법한 모든 수단을 동원하여 막는다.
4. 미국 노동자들에게 유리하게 북미자유무역협정 개정 협상 추진. 상대국이 거부할 시 북미자유무역협정을 중단.

5. 재무부 장관에게 중국의 '환율조작국' 지정을 지시.

6. 미국무역대표부의 대표에게 중국 제소를 지시하여, 중국의 불공정 보조금을 중단시킨다.

7. 대통령에게 주어진 모든 권한을 총동원하여 중국의 불법 무역정책을 저지. 1974년 무역법의 201조, 301조, 1962년 232조가 부여한 관세 조치를 활용하겠다.

트럼프 대통령은 자신이 약속한 7가지 중 하나만 빼고는 모두 이행했다. 백악관 공식집무 첫날, 환태평양경제동반자협정에서 탈퇴한다는 행정명령에 서명했다. 북미자유무역협정에서 자동차 원산지 비율을 증대하고 임금 조항까지 삽입하여, 미국에서 더 많은 자동차 생산이 이루어지도록 유도했다. 미국의 이란 제재를 위반하거나, 미국 기업의 기술, 지식재산권을 도용하는 중국 기업에 대해서는 신속한 제재를 가했다.

1974년 무역법 201조 세이프가드를 발동하여 중국산 태양광 설비에 관세 폭탄을 때렸다. 1962년 무역확장법 232조를 근거로 중국 포함 세계 모든 국가의 철강에 25% 관세 폭탄을 날렸다. 그리고 301조 중국의 지식재산권 위반 조사를 지시했고, 그 결과 2018년 봄 미중 무역전쟁을 시작했다.

트럼프는 미국 역대 대통령 가운데 대선공약 실행률이 추종을 불허한다. 딱 하나, 트럼프가 실행에 옮기지 않은 것은 중국의 환율조작국 지정이다. 그 카드는 여전히 유효하다. 미중 무역협상에서 환율은 주요 의제로 올라와 있다.

미중 인재 전쟁

2018년 12월 1일, 스탠퍼드대학 물리학 교수의 사망 소식이 전해졌다. 공교롭게도 같은 날 미국 정부의 인도 요청에 따라 캐나다 밴쿠버 공항에서 체포된 화웨이의 실질적 2인자인 멍완저우에게 세상의 이목이 온통 집중되어 있어서 한국 언론에는 보도조차 되지 않은 이 부고는 어쩌면 미중 패권경쟁의 실체를 보여주는 비극적인 사례일 지도 모른다.

50대 중반 중국계 교수인 그의 죽음은 만성우울증 때문이라는 유족들의 설명에도 불구하고, 인터넷에는 미중 갈등의 희생양이라는 음모론이 모락모락 불을 지피고 있다. 의혹의 배경에는 '천인계획'으로 명명된 중국의 글로벌 인재 확보 야심과 미국의 중국 기술굴기 견제가 자리 잡고 있다.

중국 상하이에서 태어나 명문 푸단대학을 졸업하고 미국의 뉴욕주립대학교에서 박사학위를 취득한 장수우청은 스탠퍼드대학교의 교수로 임용된 이후 탁월한 연구업적으로 물리학계의 스타 학자로 떠올랐다. 그의 연구 성과는 권위를 자랑하는 《사이언스^{Science}》지의 '가장 중요한 10대 과학적 업적' 목록에 오를 정도로 주목을 받았다. 응용물리학과 전기공학 분야의 그의 성과를 주목한 중국 정부는 천인계획에 그를 영입하였다. 몇 년 후, 그는 실리콘밸리에 벤처캐피탈인 단화캐피탈을 창업했다. 세간의 의혹이 집중된 것은 그의 사망 바로 전날, 단화캐피탈이 '중국제조 2025'에 관련된 미국 기술을 중국으로 유출했다는 미국무역대표부의 발표 때문이다.

'중국제조 2025'는 중국 정부가 지정한 인공지능, 반도체 등 미래 핵심 기술 분야 10개에서 중국의 기술 자립도를 획기적으로 높이려는 중국 정부의 야심만만한 산업정책이다. 2015년 시진핑 주석이 집권한 후 제시된 이 정책은 서방기술에 의존해온 중국의 경제 패러다임을 중국 기술 중심으로 변화하려는 기술굴기 정책이다. 이 계획대로 중국이 기술굴기를 이룩한다면, 그 파장은 단순한 기술과 경제의 영역에만 머물지 않을 것이다.

중국산업에 핵심적인 기술을 제공해온 미국, 한국, 일본은 그들의 시장을 잃게 될 뿐 아니라, 중국은 선진 민주국가들의 영향력을 배제한 중국이 주도하는 글로벌 가치사슬을 만들어낼 수 있게 된다. 기술굴기를 이룬 중국은 더 이상 선진 민주국가들의 기술을 필요로 하지 않게 될 것이고, 그들의 견제에도 아랑곳하지 않고 중국공산당의 핵심 이익을 고수하며 강경한 대외정책을 추진할 수 있는 지역 패권국가로 실질적으로 부상하게 된다. 정치 체제는 달라도 경제라는 연결고리로 협력과 공존의 공간을 모색해왔던 중국과 민주국가들은 또 다른 냉전으로 치달을 것이라는 우려가 팽배하다.

중국의 기술굴기의 바닥에는 중국의 인재 확보가 자리 잡고 있다. 중국의 천인계획은 2008년부터 추진되어 왔다. 해외에 있는 중국인뿐만 아니라, 외국인들에게도 중국 정부는 파격적인 연봉과 연구비, 주택, 의료, 교육 인센티브를 제공하면서 인재 싹쓸이를 해오고 있다. 《사우스차이나 모닝포스트South China Morning Post》의 보도에 따르면 지금까지 약 7,000명 정도의 해외 중국계 과학자, 교수, 기업인들이 천인계획에 영입되어 중국으로 귀국했다고 한다. 미국을 포함한 상당수의 외국 과학자와 교수들도 천인계획에 영입되었다고 알려져 있다.

미국이 중국의 기술굴기를 본격적으로 봉쇄하기로 결정한 후, 중국의 천인계획은 미국 정부의 감시 대상이었다. 천인계획으로 영입된 중국 과학자들이 미국에서 스파이 혐의로 체포되는 빈도가 점점 늘어가고 있다. 천인계획으로 영입된 미국 과학자들은 양자택일의 선택을 강요받는 상황까지 발생하고 있다. 미국의 열린 교육 기회와 취업이 중국의 기술굴기에 이용된다는 의혹은 미국의 대학으로까지 번지고 있다. 외신에 따르면 2019년 MIT 조기 입학 허가를 받은 중국 본토 출신 학생은 한 명도 없다고 한다.

천인계획은 빙산의 일각이다. 기술굴기를 꿈꾸는 중국은 중앙정부 차원의 계획 이외에도 지방정부, 대학 차원의 다양한 과학기술 분야의 외국 인재 확보 계획을 가지고 있다. 이들은 하나같이 '거절하기 어려운' 달콤한 제안으로 외국 인재들을 유혹하고 있다. 세계 최대의 시장으로 성장해 가고 있으며, 디지털 대전환기에 인공지능 분야의 사우디아라비아로 불리는 중국의 무궁무진한 실험 기회와 지원은 쉽게 뿌리치기 어려울 것이다. 내 주위에도 이런 제안을 받았다는 한국에서 잘나가는 과학자들이 여럿 있다.

미중 무역전쟁은 중국을 제2의 개혁개방으로 이끌까?

중국 공산당은 시장을 그저 이용할 생각이었을 뿐, 시장을 통해 공산당 일당체제를 변화시킬 생각은 처음부터 없었다. 개혁개방을 시작하여 중국을 죽의 장막에서 세계무대로 끌고 나간 덩샤오핑은 개혁가였지만, 공산당의 권력이 도전받을 정도의 과감한 개혁은 애당초 생각이 없었다.

자신의 개혁개방 드라이브 10년 후, 1989년 봄 천안문 광장의 민주화 요구를 무력으로 진압할 것을 결정한 것은 덩샤오핑이었다. 무력진압 이후 중국의 개혁 분위기가 주춤하고 좌파가 득세하자 뒤늦게 사태 수습에 나선 덩샤오핑의 '남순강화'는 다시 중국을 개혁과 개방의 궤도로 재진입시켰지만, 중국 권력층 내부엔 늘 홍^{이념 좌파}과 전^{실용주의파}이 경쟁을 벌인다. 중국이 WTO 가입 협상 과정에서 약속한 많은 개방과 개혁 조치는 세상에 중국이 시장경제로 수렴하는 듯한 착각을 일으키게 했다.

그러나 후진타오 후기에 접어들면서 중국의 개혁과 개방은 제자리걸음이었고, 시진핑 집권 이후 오히려 중국은 궤도에서 후퇴하기 시작했다. 경제를 책임지는 리커창 총리는 집권 초기 서비스 시장을 개방하려는 시도로 자유무역지대^{Free Trade Zone}를 추진했지만, 거센 중국 내 기득권의 반발에 직면했다. 국제부흥개발은행^{World Bank}과 공동작업으로 중국의 개혁 과제를 찾아내어 중국의 개혁 지도를 그려 내려던 그의 차이나 2030^{China 2030}도 내부 저항에 직면했다. 리커창의 추락은 시진핑이 경제까지 전면에 나서서 장악하는 상황으로까지 이어졌다.

시진핑 주석은 세계무대에 나설 때마다 미국이 자국의 이익을 위해 보호주의로 선회한 상황에서 중국만이 자유무역과 세계화를 지킬 수 있다고 연설하지만, 현실은 그의 연설과는 심각한 괴리를 보여주고 있음을 세상 사람들은 다 알고 있다. 미중 무역전쟁 초기에 시진핑 주석은 트럼프 대통령의 결기가 어떠했는지 짐작하기 어려웠다.

중국 내에는 "아직 우리는 미국과 무역전쟁을 할 만큼의 역량이 없는데, 중국제조 2025 계획으로 미국을 쓸데없이 자극했다"는 자성론이 일었다. 실용파는 무역전쟁을 계기로 중국의 지식재산권 보호를 더욱 강화해야 한다는 목소리를 내기 시작했다. 첨단산업, 신산업의 연구개발, 상용화를 활성화하려면 중국 스스로 지식재산권을 제대로 보호해야 생태계가 구축된다는 '공자님 말씀'이 다시 시대의 혼돈을 타고 고개를 들이밀었다.

트럼프가 벌인 미중 무역전쟁은 중국을 다시 개혁과 개방의 길로 나아가게 할 수 있을까? 두 개의 상반되는 주장이 맞서고 있다.[42]

A : 중국이 근본적인 수준의 개혁을 하지 않는다면 더 이상의 성장은 없을 것이다.

B : 중국은 근본적인 개혁 없이도 계속 성장할 것이다.

A를 지지하는 사람들은 대개 서구 학자, 지식인, 미디어와 정계의 인물들

이다. 각론에서는 생각을 달리하지만 대부분 중국의 미래에 대해서 별로 낙관적이지 않은 사람들이다. 그들의 분석은 중국은 권력을 공산당으로부터 시장으로 넘겨주는 근본적인 개혁에 착수하지 않을 것이라는 데 근거를 두고 있다. 베이징의 관료들이 그런 대담한 도박을 하지는 않을 것이다. 이 예측에 따르면 중국은 오래지 않아 벽에 부딪힐 것이다. 결과적으로 중국은 '중진국 함정Middle Income Trap'에 빠지거나, 장기화된 불황에 직면하게 된다는 것이 그들의 예측이다.

A 견해 안에서는 두 가지 서로 다른 시각이 존재한다. 견해 A1는 근본주의적 입장을 택한다. 이에 따르면 정치 개혁 없이는 경제 개혁이 불가능하고 불안정성의 위험이 너무 큰데, 중국공산당 스스로 정치 개혁을 할 확률은 매우 낮다.

이 시각은 공산국가 중국의 몰락을 조심스레 예견한다. 페이민신裴敏欣, Pei Minxin과 데이비드 샴보David Shambaugh가 이 견해를 가진 대표적인 학자들로, 2013년 발표되었던 개혁 청사진이 기대했던 만큼 이루어지지 못했다는 점을 증거로 제시한다. 중국에서 사업을 하는 외국기업들을 대변하는 각종 협회의 보고서들은 2013년 이후 중국이 역주행을 하고 있다는 지적에 동의한다.

또 다른 견해 A2는 조금 덜 운명론적이지만 마찬가지로 비판적이다. 중국에게 다른 대안이 없기 때문에 강제로 개혁 조치를 취할 수밖에 없을 것이라는 견해다.

배리 노턴Barry Naughton의 주장2016이 대표적이다.

"더 전면적인 개혁에 대한 압력이 강하다. 왜냐하면 결국 개혁주의자들이 주장하는 것처럼 경제를 더 개방적이고, 경쟁적이고 규칙이 있게 만드는 제도적인 변화만이 다가오는 문제들을 피할 수 있는 방법이기 때문이다. 중국은 대부분의 시민에게 높은 생활수준을 제공할 수 있다. 기술 면에서 창의적이고 제도 면에서 유연한 경제를 일구기 위해서는 경제 개혁을 계속 실행해 나가야 한다."

반면 B 견해는 근본적인 개혁을 하는 것과는 상관없이 중국이 이미 신경제로 전환했다고 주장한다. 이 또한 두 갈래로 나뉘는데, B1은 실용적인 낙관주의로 중국이 성공적으로 새로운 디지털 기술의 중심지로 변모하는 데 성공했다고 생각한다.

활성화된 모바일 경제가 그 예시가 될 수 있다. 알리바바, 바이두, 텐센트와 같은 모바일 업계 거인들과 아시아의 실리콘밸리로 떠오르는 선전 지역, 세계로 뻗어나가는 수많은 중국 기업가들이 이 주장의 근거가 된다.

또 다른 견해인 B2는 국가주의적 낙관주의의 형태를 띤다. 실용주의적 문화와 당의 지도하에 수많은 어려움을 뛰어넘은 역사를 비춰봤을 때 중국은 지속적으로 성장할 것이라는 주장이다. 이 '중국은 다르다'는 생각은 세계무대에서 뛰는 중국학자들 사이에 널리 퍼져 있다. 반쪽짜리 자유화, 규제 해소 및 민영화 등 중국이 성장하기 위해서 취해 왔던 노선에는 상관하지 않고 이제껏 구가했던 높은 성장률만을 바라본다. 그들의 주장에 따르면 중국의 사례는 기존의 지식이 잘못되었음을 증명했고, 앞으로도 그렇게 할 것이라고 한다. 개혁의 필요성에 관한 주장은 서구 사회의 친시장적 신자유주의 편향으로 치부한다. 더 나아가 개혁이란 중국 공산당 정권을 무너뜨리기 위한 서구의 음모라고 주장하기까지 이른다.

중국의 미래는 어디로?[43]

최소한의 근본적인 개혁이 이루어지려면 중국 공산당 정부의 영향을 받지 않는 독립적인 감독 기구의 설치가 필요하다. 이러한 감독 체계는 외국인이든 내국인이든 모든 이해 당사자들에게 적용 가능한 적절한 상설 절차의 설치를 포함할 것이다. 이는 공산당이 임의로 예고에 없던 결정을 하는 것이 아니라 원칙에 기반한 결정을 내리도록 하는 데에 긍정적인 영향을 줄 것이다. 이렇게 된다면 중국이 양quantity 중심에서 질quality 중심으로 전환하는 데 핵심적인 역할을 할 더 활발하고 다양한 경제활동을 볼 수 있을 것이다. 이 단계가 실행되지 않는다면 시장에는 문서상의 개혁에 대한 이야기가 모두 허울뿐인 수사에 불과하다고 여길 것이다.

앞서 살펴본 두 개의 견해는 모두 극단적인 면이 있다. 근본적인 개혁을 옹호하는 시각은 일종의 서구적 편향이 들어가 있고, 다른 시각은 국가주의의 색채가 강하다. 양쪽의 견해 모두 국가와 시장이 삶 속에 깊이 자리 잡은 문화적 맥락 속에서 어떻게 작동하는지 제대로 된 이해를 보이고 있지 못하다. 중국의 움직임을 이해하고 예측하려면 역사적 맥락을 들여다보아야 한다.

중국이 처음 개혁개방을 시작했을 때는 필요에 의해서 외국 투자를 받아들였다. 외국 투자자들은 단순히 희소한 자본을 제공해주고 일자리를 창출하는 역할만 하지 않았다. 그들은 선생님 역할을 자처했다. 중국은 그들에게 어떻게 생산 활동을 기획하고 기업을 경영하며 산업을 창출해내는지를 배웠다. 결과적으로 Factory China가 등장했고 확장 국면에 들어섰다. 이 성공은 중국이 성장 궤도에 오르는 것을 도왔다.

Factory China가 발전하면서 중국의 지역 산업은 서서히 세계 시장에 진출하고 세상에 알려졌다. 이 시기 동안 중국과 외국인 투자자들과의 관계는 외국인들에게 절대적으로 유리한 관계에서 보다 대등한 관계로 변했다. 이제 중국의 야망은 지금의 경제 현실 이상의 것을 꿈꾼다. 단순히 자국 시장에서만이 아니라 세계 시장에서 세계적인 기업들을 넘어서겠다는 꿈을 키우고 있다.

서구가 중국식 자본주의를 부르는 이름인 '국가자본주의State Capitalism'는 한 가지 중요한 점을 누락한다. 중국은 자신이 필요할 때 시장을 활용하는 방법을 배웠다. 또한, 중국은 여건이 무르익지 않은 상태에서 달성할 수 없는 것을 위해 무리하지 않는 법도 익혔다. 중국의 지식인들과 관료들에게 1997년 아시아 금융위기, 특히 당시 IMF의 구조조정요구에 휘둘렸던 한국의 상황은 서구의 압력에 못 이겨 너무 빨리 시장을 개방하는 것이 얼마나 위험한지 일깨워주었다. 옳든 그르든 중국에게 금융개방은 트로이 목마를 초대하는 것과 같다는 생각이 자리 잡았다.

많은 서구 전문가와 정책 담당자들은 중국의 누적된 비효율성, 특히 부채가 중국이 개혁을 할 수밖에 없게 만들 것이라 예상했다. 중국 정책 당국자들 또한 이 문제를 충분히 인식하고 있었다. 2007년 원자바오温家寶 총리는 중국 경제를 "불안정하고, 불균형하고, 비체계적이고, 지속 불가능하다"고 평가했다. 하지만 서구 사회의 예측과는 달리 중국이 택한 것은 더 많은 경쟁과 그에 따르는 개혁을 위한 개방이 아니었다. 중국의 개방과 자유화는 21세기 초부터 거의 진행되지 않았다. 중국의 WTO 가입은 기대와는 달리 중국의 더 광범위한 개방을 이끌어내진 못했다. 오히려 중국은 국영기업 키우기와 금융시장 규제강화에 더 몰두했다.

외부 세계에 개방하는 대신, 중국은 내부로 눈을 돌렸다. 중국은 금융시스템을 강력히 규제함으로써 국영기업의 입지를 굳히고 국내 기업을 성장시키는 전략을 택했다. 중국은 더 대담하고 의지적으로 변모했다. 중국제조 2025 프로그램은 모든 면에서 산업정책의 재현이다. 중국은 보호와 특혜, 차별에 기반하여 항공우주, 생약학, 로봇학과 같은 필수 기술 분야에서 국가대표를 육성하려고 한다. 외국 기업들은 중국 기업과 경쟁하기 위한 충분한 공간을 제공받지 못할 것이다. 외국 기업들에게 중국은 불리한, 기울어진 운동장이 될 것이다.

시진핑의 첫 임기는 2017년으로 끝났다. 2017년 10월에 치러진 19대 당대회에서 시진핑은 또다시 2022년까지 5년 임기를 수행하게 되었다. 당 대회 이후 다수의 중국 연구자들은 시진핑 시대가 앞으로 15년 이상 계속 펼쳐질 것이라고 전망했다. 그리고 2018년 3월에 시진핑이 국가주석 임기 제한을 철폐하면서 이러한 예측이 사실로 드러났다. 시진핑의 권력이 확대되면서 중국은 2020년대에 여태껏 가보지 못한 길을 걷게 될 것이다. 내륙 지역과 도시로 옮겨 간 농민공들의 불만이 커지고 있음을 감지한 공산당이 불안감에 휩싸여 시진핑에게 국가를 안정시키라는 의미에서 강력한 지지를 보냈다는 설이 힘을 얻고 있다.

통합된 강한 리더십 아래 중국은 여전히 언론의 자유를 억압할 가능성이 높다. 정치적 탄압만으로는 '중국몽'을 성취할 수 없을 것이다. 중국 경제는 더 지속적인 성장을 필요로 한다. 세계에서 가장 큰 경제가 되어가고 있는 중국 경제는 세계 경제와 상품, 자본, 아이디어 및 인적 자본의 흐름과 밀접한 연결고리를 가지고 있어야 계속 성장할 수 있다. 그저 내수시장만을 바라보면서 외국 기업을 통제하는 것은 중국을 강력한 국가로 만들어주지 못한다. 금융 분야와 국영기업 개혁이 제때 이루어지지 않는다면 부작용이 일어날 것이다. 하지만 동시에 근본적인 수준의 개혁은 만만치 않은 리스크를 가지고 있다. 지금도 불안정한 공산당은 민간 분야와 시장이 강해져 공산당을 압도하게 되는 경우 생사의 갈림길에 설 것이다. 그래서 근본적인 개혁을 기대하는 것은 우물가에서 숭늉을 찾는 것과 같다.

장기집권으로 위대한 중국의 꿈을 현실로 만들려는 시진핑은 아마도 균형을 지키는 방향으로 나아갈 것이다. 그는 마르크스 좌파 성향과 개혁 성향이 혼재되어 있는 인물이다. 좌파는 심각한 수준의 불평등이 공산당의 비전을 해친다고 생각하고, 서구가 중국에 더 영향을 끼치는 것을 좌시하지 말아야 한다고 주장한다. 우파는 세계 경제와 나란히 하는 것이 중국이 부강한 국가가 되는데 필수적이며, 개혁은 필수 불가결하다고 주장한다. 좌파는 이미 충분히 세계 경제와 함께했다고 생각하지만 우파는 여기서 멈출 수 없다고 생각한다. 양측이 합의할 수 없는 평행선을 달린다고 보일 수 있으나, 모두 중국 공산당이 건재하기를 바라는 것은 마찬가지다.

이런 맥락에서 보면 중국 지도층에게 근본적인 개혁은 촌각을 다툴 만큼 시급한 문제는 아니다. 시진핑은 부채 문제를 해결해야 하고, 불평등과 환경 문제에 대처해야 한다. 중국공산당은 1989년 천안문 앞에서 벌어졌던 민주화 시위와 같은 순간이 다시 오는 것을 가장 두려워한다. 시진핑이 이 시급한 난제들을 해결할 수 있다면 좌파와 우파 모두 그를 계속 지지할 것이다. 그 다음 단계에서야 중국은 금융, 국영기업 개혁에 신경 쓸 여력이 생겨날 것이지만, 이 부분의 개혁은 느리고, 마지못해 이따금 한 걸음씩 옮기는 방식이 될 것이다. 보폭과 다음 걸음 사이의 시간을 결정하는 것은 중국 지도부의 의지와 미국의 압력에 의해 정해질 것이다.

미국의 봉쇄를 뚫고 중국은 기술굴기를 할까

　미국의 전방위적인 압박을 뚫고 중국의 기술굴기는 가능할까? 중국은 미국에 의존하지 않고 기술자립을 할 수 있을까. 미국의 제재로 존폐의 바닥까지 내려갔던 ZTE, 미국의 압박으로 반도체 굴기의 도상계획을 수정해야 하는 푸젠진화. 중국은 아직 스스로 기술 굴기를 추구하기엔 역량이 부족하다. 그러나 현재 상황이 중국에 절망적인 것만은 아니다. 디지털 대전환기의 핵심 기반인 5G에서 중국은 선두그룹에 있다. 인공지능에서는 세계 최고의 기술을 가진 미국과의 격차를 압축적으로 좁혀오고 있다. 14억 인구가 모바일 뱅킹을 하는 중국에서는 빅데이터가 쏟아지고 있다. 이 데이터 자체가 21세기의 석유이다.

　관건은 아무리 탁월한 기술이라도 시장과 연계되지 않은 기술의 운명은 미래를 기약할 수 없다는 것이다. 기술은 실험실에서의 연구—상용화—시장에서의 검증을 거쳐 살아남아야 확대 재생산의 선순환 사이클을 탈 수 있다. 상용화에 실패한 기술은 실험실에서만 존재한다. 시장에서 선택받지 못한 기술은 교과서에 실패 사례로 소개될 뿐이다. 소비자들의 까다롭고 변덕스러운 입맛에 들어서 살아남는 기술만이 생산시설을 확장하고 더 뛰어난 성능을 추구하는 재투자를 받을 수 있게 된다. 역사는 실험실에만 머문 환상적인 기술들을 기억하지 않는다. MBA 강의실엔 시장에서 퇴출당한 우월한 기술의 사례로 넘쳐난다. 비디오 녹화 기술에서 경쟁 상대인 VHS보다 선명한 화질, 잡음 없는 영상을 자랑했던 소니의 베타맥스가 소비자들에게 외면당한 사례는 압도적인 기술도 시장에서의 성공 전략이 뒷받침되어야만 하다는 것을 보여주는 고전적인 예가 되었다.

기술생태계는 글로벌 시장을 필요로 한다. 미국의 고립과 봉쇄전략에 중국이 기술 자립으로 맞선다면, 중국은 스스로 시장을 만들어내야 한다. 중국은 글로벌 시장이 없어도 성공한 기술 자립의 예외적인 역사를 써 나갈 수 있을까.

1980년대 미일 무역전쟁은 1990년대 첨단기술 전쟁으로 변모했다. 일본 관료들은 미래를 주도할 첨단산업을 예측하고 정부의 집중 지원으로 이들을 발전시킬 수 있다는 확신에 가득 차 있었다. 집중 연구와 토론을 거쳐 선정된 것은 HDTV, 슈퍼컴퓨터였다. 일본의 첨단기술 위협론을 의식한 미국도 미국 방식의 첨단산업정책을 세웠다. 일본의 시도는 실패로 끝났다.

중국은 거대한 자국 시장과 관료들의 산업정책을 잘 연결하면 꿈에도 갈망하는 기술 자립을 해낼 수 있다는 확신을 가진 듯하다. 중국은 예외가 될 수 있을까.

중국 쇼크는 제2의 스푸트니크 쇼크?

20세기 후반을 지배했던 소련과의 냉전에서 미국이 승리한 비결은 미국의 혁신과 개방성이었다. 세계 최초로 우주에 위성을 쏘아 올린 것은 소련이었다. 1957년 10월 스푸트니크^{Sputnik}의 성공적인 발사는 미국을 충격에 빠뜨렸다.

과학기술에서 미국보다 한 수 아래로 평가해온 소련이 미국보다 먼저 인공위성 발사에 성공하다니! 우주에 먼저 위성을 보낸 과학기술은 경이로울 뿐만 아니라, 대륙간 미사일 기술을 소련이 선점하면서 핵탄두를 장착한 미사일로 미국 본토를 선제공격 할 수 있다는 극도의 공포와 위기감을 주었다.

미국은 교육제도를 혁신하고 우주 경쟁을 할 수 있는 체계 수립하게 된다. 이제는 세계인들 모두 아는 보통명사가 된 나사$^{NASA, 미 항공 우주국}$는 스푸트니크 쇼크의 산물이다. 나사는 1958년 미국 대통령 직속 기구로 탄생했다.

스푸트니크 쇼크는 미국의 교육제도를 뿌리째 바꾸는 계기가 되었다. 이전까지 미국 교육을 장악하고 있던 창의성, 흥미 위주의 교육이 기초학문의 중요성을 강조하는 교육으로 바뀌었다. 초·중등학교의 교육 과정에서 수학·과학이 중요하게 다루어지게 되었다. 과학계의 인재 영입도 미국인 중심에서 보다 개방적으로 바껴 전쟁 상대였던 독일 출신의 과학자들에게도 문호가 개방되었다.

나사의 탄생은 우주 경쟁을 국가정책의 우선순위로 정하게 만들었고, 일관성 있는 우주 계획을 지속해서 추진할 수 있게 했다. 교육제도의 혁신은 과학 분야 인재 수급의 밑그림을 그릴 수 있게 만들었으며, '열린' 인재 영입 제도는 세계의 우수한 인재들에게 미국 유학의 꿈을 꾸게 했다.

MIT, 스탠포드, 버클리는 세계 과학 분야 교육과 연구의 메카로 부상했다. 소련과의 체제 경쟁에서 생존의 위협을 느낀 미국의 대응 방식은 이젠 위기관리의 매뉴얼에 소개될 만큼 전략적이고 체계적으로 변했다. 제도를 정비하고, 혁신하고, 정부-민간 간의 연계를 강화하여 시너지를 창출하려고 했다. 단기적 대응에만 치중하지 않고, 장기적이고 전략적인 안목으로 인재 영입제도를 개방, 교육제도를 혁신했다. 20세기 스푸트니크 쇼크는 미국의 각성과 변화, 개혁의 계기가 되었다. 이러한 개혁이 있었기에 미국은 소련과의 냉전에서 승리할 수 있었다.

21세기 차이나 쇼크도 같은 역사적 귀결을 가져올 것인가?

에필로그

보호주의와 경제민족주의
쓰나미가 밀려오고 있다

2019년 3월 베이징에서 개최된 양회 - 전국인민대표대회[전인대]와 인민정치협의회[정협] - 에서 중국 정부는 외국인 투자법 개정을 공식화했다. 미국이 지속적으로 요구해온 시장 개방 확대, 강제적 기술 이전 금지에 대한 공식 반응을 내놓은 것이다. 세상의 주목 속에 진행된 경제 보고에서 리커창 총리는 굳은 표정으로 2019년 중국의 경제성장률을 6.5%에서 6.0%로 하향 조정한다고 발표했다.

베이징에서의 양회에 때맞추어 발간된 미국의 싱크탱크인 브루킹스연구소[Brookings Institution]는 중국이 최근 10년 동안[2008~2016] 매년 경제성장률을 약 2% 정도 과대 포장했다는 충격적인 결과를 발표했다.[Chang-Tai Hsieh, Zheng (Michael) Song, "A Forensic Examination of China's National Accounts", Brookings Paper on Economic Activity 2018] 그동안 서방 세계를 중심으로 지속적으로 제기된 중국의

경제 통계 왜곡에 대한 실증적인 분석 결과가 제시된 셈이다. 이 연구를 근거로 계산한 현재 중국 경제 규모는 실제 중국 정부의 발표보다 18% 포인트 하향조정된다.

2018년의 경우, 중국 국가통계국의 공식 발표는 6.6%였다. 이 수치는 중국 정부가 제시한 경제성장률 목표인 6.5%보다는 높지만, '천안문 사태' 등의 여파로 3.9% 성장에 그쳤던 지난 1990년 이후 최저 수준이다. 특히 2018년 4분기 경제성장률은 6.4%로 세계 금융 위기가 한창이던 2009년 1분기와 같은 수준을 보인다. 중국의 연간 경제성장률은 2010년 10.6%로 정점을 찍은 뒤, 2011년 9.5%, 2012년 7.9%, 2015년 6.9%, 2017년 6.8% 등을 기록하면서 내림세를 보여 왔다.

브루킹스연구소의 연구결과 대로라면 중국은 2015년부터 이미 4% 경제성장률 시대로 접어들었음을 의미한다. 중국이 중진국함정Middle Income Trap에 빠졌을 가능성을 제기한 연구결과들이 새삼 주목받고 있다. 이런 맥락에서 중국 정부가 2019년 3월 전인대에서 공식화한 경제 전망의 하향 조정은 중국 경제의 냉각이 생각 이상으로 심각할 수 있음을 암시한다.

경기 하강 국면으로 접어든 중국에게 미국과의 무역전쟁은 설상가상의 충격이다. 중국으로서는 미국과의 무역전쟁을 하루라도 빨리 끝내야 한다. 그렇다고 중국이 미국의 요구를 '일방적'으로 수용만 하는 무역 협정을 체결하기도 쉽지 않을 듯하다. 그래서 중국은 최소한의 양보와 현란한 외교 수사로 일단 미국의 공세를 누그러뜨리고자 한다.

'수용과 투쟁'의 양면 작전이 시작되었다. 투쟁은 이제 더 은밀해지고 장기전이 될 전망이다. 이번 3월의 양회에서 '중국제조 2025'는 사라졌다. 그렇다고 계획 자체가 사라진 것은 전혀 아니다. 그간 시진핑 정부의 위대한 '중국몽'을 실천하기 위한 대대적인 선전 공세에 동원되었던 자랑스러운 기술굴기는 물밑으로 들어갔다. 미국의 공세에 괜히 표적이 되지 않으려는 고육지책이다.

중국 정부의 지자세와는 대조적으로 화웨이는 미국과 정면 대결을 신택했다. 자신의 딸이자 2인자인 멍완저우의 신병이 아직 캐나다 밴쿠버의 가택연금 상태인 화웨이의 런정페이 회장은 은둔을 접고 미국을 향해 공세를 강화하고 있다. 화웨이를 겨냥한 미국의 제재 조치가 미국 헌법에 위배된다면서 화웨이의 본사가 있는 텍사스 연방법원에 소송을 제기했다.

스탠퍼드, MIT, 버클리 등 미국의 명문 대학들이 대 중국 강경 분위기 속에서 통과된 수정 외국인투자심사법에 저촉되지 않기 위해 화웨이와의 연구개발 협력을 연이어 파기하는 눈사태를 그냥 보고만 있지 않겠다는 각오이다. 화웨이 소송의 칼끝은 멍완저우의 신병을 억류하고 있는 캐나다 정부에게도 향해졌다. 멍완저우의 억류는 불법감금이라면서 화웨이는 캐나다 정부를 고소했다.

미중 무역전쟁은 중국 개혁개방의 실험대

미중 무역협상은 합의 쪽으로 가닥을 잡고 있지만 합의의 범위와 깊이는 트럼프와 시진핑의 결심에 따라 달라진다. 원래 실무 협상에서 최대한 지연 작전으로 미국의 공세를 막고 미중 정상회담을 통해 트럼프에게는 '허울 좋은' 승리만을 안겨주고 정부 통제가 강해진 시진핑 방식의 비시장경제 체제의 구조적 특징은 그래도 유지하여 '실질적인' 승리의 기반을 마련하겠다는 중국의 구상은 엉클어졌다.

시진핑 스스로 트럼프와의 정상회담의 위험성마저 감지했다

2017년 트럼프와의 최초 정상회담에서 외교적 관례는 아랑곳없고 무대를 독차지하려는 트럼프 대통령의 위험성에 노출되었던 시진핑 주석은 같은 참사를 반복하고 싶어 하지 않는다. 게다가 2019년 2월 말 베트남 하노이에서 열린 북미 회담에서 트럼프가 김정은에게 실무자 간에 조율이 안 된 '빅딜'을 요구하면서 협상장을 박차고 나온 것을 목격한 시진핑은 그런 끔찍한 일이 자신에게 생겨서는 안 된다고 다짐했다.

정상회담에서 트럼프와 최종 담판을 하는 구도는 시진핑에게 악몽이 될 수 있다. 실무자 협상에서 모든 것이 논의되고 합의되고 정리된 후 서명하기만을 원하는 시진핑에게 실무 협상은 더 어려워졌다. 중국의 체제와 관련되는 쟁점들에 대해서는 결국 시 주석의 결심을 얻어내야 하는데, 시 주석은 쉽게 결정하지 않고 실무자들 간에 합의를 재촉하고, 이 때문에 실무 협상은 맴돈다. 그리고 시간은 흘러간다. 미중 무역 협상은 전형적인 Two-level 협상Robert Putnam, 1988, "Diplomacy and Domestic Politics: The Logic of Two-Level Games", International Organization Vol. 42, No. 3 (Summer, 1988), pp. 427-460의 양상을 보여주고 있다.

미국은 '중국은 미국의 턱 밑까지 추격해 왔다. 이번 기회를 농치면 미국은 중국에 추월당할 것이다. 중국을 끝까지 몰아쳐야 한다'는 강경파, '중국은 엄청난 시장이다, 지나치게 몰아쳐서 중국에서의 기회를 잃어서는 안 된다'는 온건파로 양분되어 있다. 중국의 개방과 개혁을 원하는 것은 강경파와 온건파 모두 같은 심정이지만, 강경파는 중국에 대한 의구심을 감추지 않고 있고, 온건파는 돈을 벌 수 있는 기회에 집중하고 있다. 트럼프가 중국을 상대로 관세 폭탄을 꺼내들 때부터 월가Wall Street의 온건파는 관세 폭탄 무용론을 들고 나오면서 시장을 불안하게 하는 무역전쟁은 미국과 중국 모두를 피해자로 만든다고 주장하며 합의를 요구했다.

미중 무역 협상을 이끌고 있는 USTR 대표 라이트하이저는 강경파, 또 다른 협상 대표인 재무장관 므누신은 온건파를 각각 대표하고 있다. 협상의 달인을 자처하는 트럼프는 전혀 다른 성향의 두 사람을 수석협상대표로 내세워 중국에게 '채찍과 당근' 전술을 쓰고 있다. 트럼프는 국내 정치와 경제 상황의 변화에 따라 강온전략을 능수능란하게 구사하면서 중국이 수용할 수 있는 개방과 개혁의 최대치가 어디까지인지 시험대 위에 올려놓았다.

미중 무역전쟁은 중국의 기술 자립을 주문하는 중국 내 강경파와 중국 경제의 개방과 개혁을 강조하는 온건파 간의 내부 투쟁을 촉발했다. 온건파는 중국의 발전 단계가 아직은 미국과 전면적인 무역전쟁을 치르기엔 역부족이고, 개방과 개혁을 통해 제도개선을 지속해 가야 한다고 목소리를 높이고 있다.

시진핑의 강력한 리더십 구축 이후 입지가 축소되었던 중국 내 온건파에게 미중 무역전쟁은 그들의 입지를 강화하는 계기를 제공하고 있다. 그러나 중국 방식의 경제 구조를 변화해야 한다는 급진적인 주장은 없다. 공산당 정권의 양립 가능한 개방과 개혁의 한계가 어디인지 중국은 이번 미중 무역전쟁에서 찾아내야 하는 상황으로 내몰렸다.

우여곡절 끝에 미중 무역전쟁이 합의에 도달한다고 해도 세상은 무역전쟁 이전으로 돌아가진 않을 것이다. 미중 무역전쟁 이전 미국이, 체제가 다른 중국이 언젠가는 변화할 것이라는 희망적인 관측 속에서 '경쟁 속에서 더 많은 협력의 공간'을 찾아내었다면 중국과 무역전쟁도 불사하겠다는 미국은 이제 그런 희망을 접고 현실적인 시각으로 미중 관계를 재설정하겠다는 의지를 불태우고 있다. '경쟁 속 협력'의 시대는 가고 '대립과 갈등'의 시대가 열릴 것이다.

미중 합의에 따라 중국의 개방이 확대되고 중국이 지식재산권 보호를 더욱 강화한다고 약속한다고 해도 기업들은 중국과의 무역에 더 신중해질 것이다. 세계 최대 시장으로 성장해 갈 중국의 잠재력은 여전히 세계를 들뜨게 하겠지만 미중 무역전쟁으로 중국 방식의 경제 체제가 가진 근본적인 위협의 아찔한 깊은 심연을 내려다본 기업들은 대중국 사업 전략을 재설정할 것이다. 그들의 사업 전략에서 중국이 차지하는 위치와 비중은 다시 조정될 것이다.

조립 중심의 공정에 집중적으로 특화하면서 '세계의 공장'으로 부상했던 중국은 이제 역사 속으로 저물어갈 것이다. 중국 정부는 조립 중심의 저부가가치 조립 공정보다 부가가치가 높은 생산 단계로 기술 사다리를 올라가려는 의도를 분명히 하고 있다. 지난 10년 사이 중국 경제의 새로운 강자로 등장한 바이두, 알리바바, 텐센트가 중국정부의 '디지털 죽의 장막(Digital Bamboo Curtain)' 덕분임에 중국은 고무되어 있다.

미중 무역전쟁은 중국의 기술굴기가 미국의 협조 없이는 불가능함을 보여주지만 역설적으로 중국 정부에게 기술굴기의 치명적 중요성을 일깨워주고도 있다. 중국의 기술굴기의 의지가 강력해질수록 이를 차단하려는 미국의 노력 또한 강해질 것이며, 중국이 디지털 대전환의 시대적 물결에 제대로 올라탈 수 있는지가 관건이 될 것이다.

한국은 어떻게 할 것인가

미중 간 무역 대충돌은 한국에게 '미국은 무엇인가, 중국은 무엇인가, 그리고 세계 통상질서는 어디로 가는 것인가'라는 근본적인 질문을 던진다. 안보를 미국에 의존하고 있는 한국, 무역의 4분의 1이 향하는 중국, 세계 최고 기술 경연장인 미국, 세계 최고 시장으로 변신하고 있는 중국. 미중 무역전쟁은 2차 세계대전 이후 70년간 미국이 주도하고 세계가 힘을 합쳐 발전시켜

온 자유무역체제의 기반을 송두리째 흔들고 있다. 그리고 자유무역체제의 최대 수혜자인 한국이 자리할 공간은 위축되고 있다.

미국과 중국이 그간 공존할 수 있었던 것은 무역 확대를 통한 중국의 성장이 결국에는 중국의 정치적 자유를 가져올 것이라는 미국의 신념이 있었기에 가능했다. 때문에 미국은 중국의 WTO 가입을 허용했고, 중국을 최종 조립지로 하는 글로벌 가치사슬이 형성되었다. 미국은 그 가치사슬에서 핵심 기술 공급과 최종 소비시장의 역할을 담당했다. 미중 무역전쟁 이후의 세상에서 기존 글로벌 가치사슬은 와해될 운명에 처해 있다. 한국은 글로벌 가치사슬의 재조정 과정을 슬기롭게 겪어내야 하는 생존의 기로에 서게 되었다.

트럼프 대통령은 취임한 첫 해 한국에게 한미FTA의 혜택을 더 많이 누린다는 이유로 협정을 파기하겠다는 위협도 서슴지 않았다. 결국 한국은 원치 않는 한미FTA 재협상 테이블로 내몰렸다. 트럼프 대통령은 한국으로부터 철강 수입이 미국의 안보를 위협한다는 논리를 내세워 25% 고율의 관세를 부과했다. 미국 동맹국인 한국은 트럼프의 머릿속에는 없었다. 동고동락의 기억을 가진 동맹, 미국이 주도해온 다자규범과 제도가 그에게는 없다. 그에게 엄청난 무역수지 적자를 안겨주고, 방위비 분담금도 제대로 내지 않는 동맹국은 '무임승차꾼'이란 인식밖에 없다.

한국에게 중국은 언제까지 '기회의 땅'일까

한중수교 이후 처음 20년간 상호 호혜적인 통상 관계는 중국이 한국의 기술을 필요로 했기 때문에 가능했다. 한국은 어느 선진국보다 먼저 중국에게 WTO 협정에서의 '시장경제지위'를 인정해주었다. 2005년 노무현 정부 때 내린 통 큰 결정이었다. 규모 1,000억 달러를 넘는 국가로서는 최초 결정이었다. 한국이 누리고 있던 대중무역수지 흑자, 중국 시장 선점, 북한 문제에서의 중국의 협조 등을 고려한 결정이었다.

그런 결정에는 중국이 지속적인 개혁과 개방의 방향으로 나아가리라는 기대가 있었음을 부인할 수 없다. 그린데 그런 기대는 충족되지 않았다. 오히려 중국은 북핵 위협에 대한 한국의 자위 수단인 사드 배치에 대해 무역 보복으로 응수했다. 그 보복은 아직도 진행 중이다.

디지털 기술 혁명의 세계사적인 물결을 타고 중국은 한국을 넘어서려 한다. 미중 무역전쟁은 한국에게 그동안 애써 외면해왔던 중국의 또 다른 면을 보게 만들고 있다. 아무리 강력한 경쟁력을 가져도 중국 정부가 작정하고 덤비면 그 기업의 장부는 붉은색으로 넘쳐날 수밖에 없다. 중국에 전기차 배터리 공장을 지은 한국 기업들의 사례가 적나라한 예시일 것이다.

세계 최고 시장으로 변화하는 중국은 선택이 아닌 상수라는 기업의 생각이 현실로 되려면 중국과 격차를 확보할 수 있는 치밀한 전략과 지속적인 추진이 있어야 가능하다. 정치의 그림자가 더 짙게 어른거리는 중국에서 과연 가능할지에 대한 진지한 고민은 부족하다. 더구나 이 문제라면 발 벗고 나서서 불확실성을 해소해주어야 할 한국 정부는 잘 보이지 않는다.

미국 발 중국 봉쇄령의 사이렌이 요란한데 한국은 아무 일도 없다는 듯

마냥 태연할 수 있을까. 혹한의 추위 속으로 들어간 한국 경제를 그런대로 버티게 해준 통상마저 그 기반이 흔들리고 있다. 그 휘청거림은 잠시 후 지나가는 일시적인 것이 아니라는 것에 문제의 심각성이 있다. 한국이 통상대국으로 질주할 수 있었던 기반이 되었던 다자무역체제, FTA로 맺은 글로벌 통상 네트워크는 트럼프의 배신과 시진핑의 위선에 흔들리고 있다.

보호주의와 경제민족주의 쓰나미가 밀려오고 있다. 미중 무역전쟁은 강 건너 불구경이 아니다. 위기는 위협과 기회의 두 얼굴로 다가온다. 미중 무역전쟁이라는 위기가 한국이 생존과 번영의 새로운 비전을 세우고 전략을 모색하는 기회가 될 수 있을까.

용어 정리

- 공해open sea : 내수와 영해를 제외한 해양의 전부로서 국제법상 어느 나라의 영역에도 속하지 않고 모든 국가에 개방되어 있는 해역.
- 관리무역managed trade : 국가에 의해 직접 관리 통제되는 무역.
- 국가자본주의State Capitalism : 국가가 특정한 자본주의적 기업을 직접 그 관리하에 둠으로써 자본주의 경제 제도 속에서 발전하는 경제 제도.
- 국제부흥개발은행International Bank for Reconstruction and Development : 1944년 브레턴우즈협정에 의거하여 국제통화기금과 더불어 설립된 장기 개발자본의 융자기관. 세계은행으로도 불린다.
- 그린필드 투자Green field investment : 해외 진출 기업이 투자 대상국에 생산시설이나 법인을 직접 설립하여 투자하는 방식으로, 외국인직접투자FDI의 한 유형.
- 글로벌 가치사슬GVC, Global Value Chain : 세계화와 기술 진보로 재화 및 서비스의 생산이 국제적으로 분업화됨에 따라 한 상품 안에 내재된 부가가치가 국경을 넘어 얽히게 되는 것을 의미함.
- 기울어진 운동장uneven playing field : 어느 한쪽에게 일방적으로 유리한 제도나 질서가 있어 공정한 경쟁이 불가능한 상황을 비유적으로 이르는 말.
- 남순강화南巡講話 : 중국 덩샤오핑이 1992년 발표한 담화로, 개혁·개방을 가속화해야 한다는 내용을 골자로 한다.
- 뉴노멀New Normal : 시대 변화에 따라 새롭게 부상하는 표준으로, 경제 위기 이후 5~10년간의 세계 경제를 특징짓는 현상.
- 달러 페그제pegged exchange rate system : 자국 통화 가치를 달러에 묶어두고 정해진 환율로 교환을 약속한 환율제도.
- 미국무역대표부United States Trade Representative : 미국 워싱턴에 있는 대외 통상 무역을 관리하는 연방정부 기관.
- 바스켓제basket system : 각국의 환율을 상품바스켓에 연계하는 체제를 가리키는 말.
- 백도어back door : 인증되지 않은 사용자에 의해 컴퓨터의 기능이 무단으로 사용될 수 있도록 컴퓨터

에 몰래 설치된 통신 연결 기능.

· 베넷-해치-카퍼 수정법안Bennet-Hatch-Carper Amendment : '무역 강화 및 무역 촉진법 2015Trade Facilitation and Trade Enforcement Act of 2015'중 교역상대국의 환율에 관한 규정인 '제7장 환율조작Title 7. Currency Manipulation'부분을 지칭하는 법안으로 글로벌 금융위기 이후 경상수지 적자를 줄이기 위한 목적으로 만들어졌음.

· 보아오포럼Boao Forum for Asia : 매년 4월 중국 하이난성 보아오에서 개최되는 아시아 지역경제 포럼.

· 보이지 않는 손invisible hand : 개인이 오직 자신만의 이익(사익)을 위해 경쟁하는 과정에서 누가 의도하거나 계획하지 않아도 사회구성원 모두에게 유익한 결과(공익)를 가져오게 된다는, 시장경제의 암묵적인 자율작동 원리.

· 북미자유무역협정North American Free Trade Agreement : 미국·캐나다·멕시코 3국이 관세와 무역 장벽을 폐지하고 자유무역권을 형성한 협정.

· 서비스무역제한지수Service Trade Restrictiveness Index : 서비스 무역을 제한하는 각국의 조치들을 정량화해 국가·산업별 서비스 규제 정도를 표시한 것.

· 슈퍼 301조Super 301 : 미국의 종합무역법에 의하여 보복 조치를 행할 수 있도록 명시된 특별법.

· 스푸트니크 쇼크Sputnik shock : 세계 최초의 인공위성인 스푸트니크 1호가 1957년 10월 4일, 구소련에 의해 발사됨으로써 미국을 비롯한 서방 진영이 받게 된 경각심.

· 시장경제지위Market Economy Status : 정부가 간섭하지 않은 상태에서 시장이 원자재 가격, 임금, 환율 등을 결정한다고 상대 교역국이 인정하는 지위. 세계무역기구WTO는 특정 국가가 외환시장, 생산활동 등을 규제할 경우 해당 국가를 비시장경제국으로 지정해 무역상대국이 대응할 수 있도록 하고 있음. 예컨대 시장경제지위를 인정받지 못하는 경우 반덤핑 소송 제기를 당했을 때, 제3국의 국내 가격 기준으로 덤핑률을 산정받는 불이익을 입을 수 있음.

· 아시아태평양경제협력체APEC, Asia Pacific Economic Cooperation : 아시아·태평양 연안 국가들의 원활한 정책대화와 협의를 주목적으로 하는 협의체.

· 양자간투자보호협정Bilateral Investment Treaty : 두 국가가 서로 간의 투자 증진 및 투자 보호를 목적으로 체결하는 협정.

· 열린사회open society : 한편으로는 언론의 자유나 정치적 의사결정의 민주화를 요구하고 다른 한편으로는 시장으로의 개입을 요구하면서 점차적 사회공학에 의해 사회를 개량해 간다는 이념.

· 자유무역free trade : 국가가 외국무역에 아무런 제한을 가하지 않고, 보호·장려도 하지 않는 무역.

· 자유무역지대free trade area : 특정 국가 또는 특정 지역 내의 관세 및 비관세 장벽을 철폐하여 통일
된 시장을 형성하는 것.

· 자유무역협정Free Trade Agreement : 국가 간 상품의 자유로운 이동을 위해 모든 무역 장벽을 완화
하거나 제거하는 협정.

· 죽의 장막bamboo curtain : 1949년 이래 중국의 대비공산권 여러 나라에 대한 배타적 정책.

· 중국제조 2025Made in China 2025 : 중국 정부가 자국의 제조업 경쟁력 강화를 위해 발표한 산업고
도화 전략으로 10대 핵심 산업 분야 육성을 통해 2025년까지 제조강국 달성을 목표로 하고 있음.

· 중진국 함정Middle Income Trap : 개발도상국에서 성장한 중진국이 1인당 GDP가 5천~1만 달러 범
위에 속하기 시작하면서, 장기간 성장이 정체 또는 퇴보하는 현상.

· 코끼리 곡선elephant curve : 세계화가 가장 활발했던 1988년부터 2011년까지 전 세계 사람들을 소
득 수준에 따라 1~100개로 줄 세웠을 때 실질소득증가율이 얼마인지를 나타내는 그래프로, 마치 코
끼리가 코를 높이 들어올리는 모양 같다고 해서 붙여진 곡선.

· 핑퐁외교ping-pong diplomacy : 탁구를 통해 미국과 중국의 수교를 튼 스포츠 외교.

· 해외민간투자공사OPIC, Overseas Private Investment Corporation : 1971년에 설립된 미 정부기관.
개발도상국의 경제 발전을 도모하고 미국의 외교 정책 및 국가 안보 우선순위를 향상시키고자 자국
민간기업에 대출 및 담보 등 금융상품을 제공하며, 정치적 위험을 보상하는 비상업적 위험보증상품
및 투자자금 제공 등 다양한 형태의 지원을 함.

· 환태평양경제동반자협정Trans Pacific Partnership : 버락 오바마 전 대통령이 내건 '아시아로 회귀
Pivot to Asia'전략에 경제통상적 기반을 제공하기 위해 미국이 일본, 캐나다, 호주 등 태평양 연안 국
가들과 추진한 다자간 자유무역협정. 2015년 10월 타결되었지만, 2017년 트럼프 행정부가 들어서
면서 미국이 탈퇴하여 나머지 11개국이 참여하는 CPTPPComprehensive and Progressive TPP가
2018년 12월 발효됨.

· FANG : Facebook, Amazon, Netflix, Google.

· IMF국제통화기금, International Monetary Fund : 세계무역 안정을 목적으로 설립한 국제금융기구.

· MFN최혜국 대우, Most Favored Nation treatment : 관세·항해 등 양국 간 관계에서 지금까지 다른 나
라에 부여한 대우 중 최고의 대우를 해주는 것.

미주

1   이 숫자에 대해 의문을 제기하는 목소리도 적지 않다. 중국 통계의 정확성에 대한 논란은 끊임없이 제기되어 왔다.

2   2016 Democratic Party Platform

3   2016 Republican Party Platform

4   낯선 손님을 뜻하는 단어 'xenos'와 두려움을 뜻하는 단어 'phobia'를 합친 말인 'xenophobia'는 '외국인 혐오'를 의미한다. 'xenos'는 그리스어이다. 찬란한 문화의 꽃을 피웠던 도시국가 시대에 그리스인들은 다른 지역 사람들을 미개하고 열등하다며 업신여기거나 경멸했다고 한다. 세상의 중심이라 자부했던 고대 중국인들도 사정은 별로 다르지 않았다. 당시 중국인들은 한족인 자신들 외의 주변 사람들을 변방의 야만인으로 여겼다고 역사적 기록이 전하고 있다.

5   미국에서 민주당 출신 대통령이 집권하여 자유무역협정을 추진해도 민주당 의원들은 자유무역에 부정적이었다. 빌 클린턴이 집권해서 NAFTA 의회 표결 때 102명의 민주당 하원의원이 동의했다. 야당이던 공화당의 압도적인 지지표에 힘입어 NAFTA는 비준될 수 있었다. 민주당 오바마 대통령이 TPP를 추진하기 위해 의회로부터 협상 전권을 받으려고 했던 표결에 고작 29명의 민주당 의원이 동의했다. 이번에도 야당이던 공화당의 압도적인 지지표에 힘입어 TPP 추진이 승인되었다.

6   Hillary Rodham Clinton, 《Hard Choices》, Simon & Schuster UK, 2014.06.10.

7   Bob Davis·Jon Hilsenrath, "How the China Shock, Deep and Swift, Spurred the Rise of Trump", THE WALL STREET JOURNAL, 2016.08.11.

8   최병일. 2015. '중국의 국제통상관계: 진화와 미래', 《중국, 새로운 패러다임》 한울아카데미. 2016.12.20.

9   최병일. 2015. '중국의 국제통상관계: 진화와 미래', 《중국, 새로운 패러다임》 한울아카데미. 2016.12.20.

10   최병일. 2015. '중국의 국제통상관계: 진화와 미래', 《중국, 새로운 패러다임》 한울아카데미. 2016.12.20.

11   Economic Policy Institute 2000 PNTR

12   〈2017 Report to Congress On China's WTO Compliance〉, Office of the United States
      Trade Representative, 2018.01.

13   이 대목에서 놀랄 만큼 유사함을 느끼지 않는가? 한국의 사드(THAAD) 배치에 대한 중국의
      보복도 중국 정부가 직접 개입했다는 스모킹 건을 남기지 않고 은밀하게 비공식적으로 이루
      어졌기 때문에 WTO 제소가 쉽지 않다는 의견이 있었음을 기억해보라.

14   무역 협정이 협정 당사자 모두에게 유리하도록 해석될 수 있는 '석연치 못한' 상황은 가끔 발
      생한다. 협상 시한에 쫓기고 국내 압박으로 인해 내몰리게 된 협상가는 자신의 협상 상대와 같
      이 윈윈(win-win)할 수 있는 방안을 모색하기 때문이다. 중국의 WTO 가입 협상의 경우, 시장
      경제 지위를 가급적 빨리 획득하려는 중국과 그 시점을 뒤로 미루려는 미국 등 기존 가입국들
      의 갈등을 적당히 무마하려는 동기가 충분히 있었다. 이 협상이 진행 중인 그 당시 중국은 '잠
      재적' 시장이었지, '경제적 위협'은 아니었기 때문이다. 당시 미국은 중국 포용론이란 큰 그림
      속에서 중국을 WTO에 가입시키려고 했다.

15   한국은 2005년 노무현 정부 때 중국에 시장경제 지위를 부여했다. 외교적인 고려가 압도한 결정이었다.

16   Jun Mai, "Former top US trade negotiator Charlene Barshefsky says China deviated from
      its commitments, paving way for trade war", South China Morning Post, 2019.01.01.

17   2015년 11월, 중앙재경영도소조(中央財經領導小組) 회의에서 시진핑 주석은 공급 측면의 구
      조적 개혁을 강화해야 한다고 강조했다. 이는 산업 구조의 고도화를 의미하며, 동시에 중국 소
      비자들의 해외 구매 수요를 국내 소비로 돌리기 위한 공급의 질적 개선을 뜻한다.

18   '인터넷 플러스'는 인터넷 플랫폼과 정보통신기술을 이용해 인터넷과 각종 산업(전통 산업 포
      함)을 연결시켜 새로운 비즈니스 모델을 만들어낸다는 개념이다.

19   전략적 지식재산권(IPR)을 가진 국내산 고기술 제품에 대해 정책적인 지원을 하고 정부 조달
      시 우선 구매를 하는 형식이다.

20   중국에서 조립되는 아이폰이 중국에 얼마나 부가가치를 가져오는지에 대한 실증적 연구는
      OECD, ADB 등 많은 국제기구에서 진행되어 왔다. 초기 연구 사례는 〈Capturing Value in
      Global Networks: Apple's iPad and iPhone〉(Kenneth L. Kraemer, Greg Linden, and Jason
      Dedrick, 2011.07., http://pcic.merage.uci.edu/papers/2011/value_ipad_iphone.pdf) 등이 있다.

21 같은 요구를 한국은 1980년대 이후 미국과의 통상 협상에서 지속적으로 받아왔다. 한국 정부는 고정 환율 제도에서 변동폭을 가진 환율 제도로 전환했고, 1997년 외환위기를 수습하는 과정에서 IMF 구제 금융의 대가로 완전한 변동 환율 제도로 전환했다.

22 Bob Woodward, 《Fear: Trump in the White House》, Simon & Schuster, 2018.09.11.

23 Carl Von Clausewitz, 《On War》, CreateSpace Independent Publishing Platform, 2012.01.21.

24 이 책은 트럼프의 단독 저술이 아닌 공저이다. 트럼프가 실제 저작에 참여하지 않았다는 주장도 제기되었다.

25 Bob Woodward, 《Fear: Trump in the White House》, Simon & Schuster, 2018.09.11.

26 Matt Peterson, "The Making of a Trade Warrior", The Atlantic, 2018.12.29.

27 2019년 3월 1일 현재 WTO에 제소된 분쟁은 모두 578건이다. 이 중 미국이 피소된 분쟁은 153건이고, 이 가운데 50건이 미국의 덤핑 판정을 문제삼고 있다. 한편 중국이 피소된 분쟁은 43건이다. WTO는 1995년 1월 출범했고, 미국은 이 당시부터 회원국이었다. 중국은 2001년 말 WTO에 가입했다. 미국 다음으로 많은 분쟁에 피소된 회원국은 EU(85건)이다.

28 예영준, "[글로벌 아이] '지구전론' 다시 읽는 시진핑", 중앙일보, 2019.02.08.

29 예영준, "[글로벌 아이] '지구전론' 다시 읽는 시진핑", 중앙일보, 2019.02.08.

30 Trump, State of the Union address, 2019.02.05.

31 Keith Bradsher, "U.S.-China Trade Talks End With Strong Demands, but Few Signs of a Deal", The New York Times, 2018.05.04., https://www.nytimes.com/2018/05/04/business/china-us-trade-talks.html

32 네거티브 리스트 투자 규제는 외국인에게 투자가 허용되지 않는 분야만 명시하는 제도이다. 명시되지 않은 분야에 대해서는 외국인 투자에 개방되는 것으로 해석된다. 반면, 외국인에게 투자가 허용되는 분야만 명시하는 제도는 포지티브 리스트(Positive List) 제도이다. 유리잔에 물이 반쯤 차 있는데 "반만 찼다"고 하거나 "반은 비었다"고 하는 것과 같지 않냐고 생각할 수 있다. 하지만 기술발전에 따라 새로운 분야가 계속 생겨난다는 사실을 생각하면 '사전에 제한하는 것을 명시하지 않은 분야는 개방'되는 네거티브 리스트는 다른 규제 방식보다 개방의 범위를 확대하는 효과가 있다. 투자자 관점에서 규제 제도의 예측 가능성과 투명성도 증대된다.

33 ⟨Statement from the Press Secretary Regarding the President's Working Dinner with China⟩, The White House, 2018.12.01.

34 일부 언론에서는 환율 조작이 논의되었다고 보도했는데, 백악관 공식 발표에는 없는 부분이다. 실제로 논의가 되지 않았는데 기자들이 상상력을 발휘한 것일 수도 있고, 아니면 논의되었지만 미중 양측의 양해 아래 백악관의 공식 발표에서는 빠졌을 수도 있다. 정상회담의 발표문이 논의한 모든 내용을 그대로 사실적으로 보여주지는 않기 때문이다.

35 류허 부총리는 2018년 5월 워싱턴 협상에서도 시진핑의 특사 자격으로 중국 협상단을 이끌었다.

36 중국이 미국으로부터 이행 점검을 요구받은 첫 번째 케이스는 아니다. 미국은 모든 통상 협상에서 상대국에게 이행 점검을 요구해왔음을 기억할 필요가 있다. 협상에서 협상 상대국이 어떤 특정 법안을 입법하거나 개정해야 서로 간에 합의한 조항의 효력이 발생하는 경우, 미국은 상대국이 그런 조치를 실제를 취했는지 점검하기를 집요하게 요구해왔다. 상대국은 그런 입법 조치가 주권국가의 고유 권한이라며 이행 점검을 거부해보지만 미국에는 통하지 않는다.

37 5G는 4G보다 속도가 20배 빨라지고, 통신 지연은 10배 짧아지며, 연결기기는 10배 많아진다고 알려져 있다. 국제전기통신연합(ITU, International Telecommunication Union)이 정한 5G 요건은 최대 다운로드 속도 20Gbps, 최저 다운로드 속도 100Mbps, 전송지연시간 1ms, $1km^2$ 반경 내 사물인터넷 기기 100만 개 동시 연결을 꼽는다.

38 백도어는 인증되지 않은 사용자가 무단으로 시스템에 접속해 특정인의 메시지, 통화 기록, 위치 정보 등을 파악하는 가상 통로를 뜻한다.

39 최근 영국, 뉴질랜드는 화웨이를 공식적으로 배제한 것은 아니라고 입장을 선회했다.

40 공영화, "폼페이오 "화웨이 장비 사용 국가, 미국과 협력관계 불허"", 에포크타임스, 2019.02.12., http://www.epochtimes.co.kr/news/articleView.html?idxno=412949

41 《축적의 시간》을 기획한 서울대 이정동 교수의 표현을 빌리자면 "공간의 힘으로 시간의 축적을 따라 잡으려는" 국가적인 전략을 추진해온 셈이다.

42 아래 부분은 《Northeast Asia in 2030: Forging Ahead or Drifting Away?》(Choi, Byung-il, 2018.)에 의존하고 있다.

43 아래 부분은 《Northeast Asia in 2030: Forging Ahead or Drifting Away?》(Choi, Byung-il, 2018.)에 의존하고 있다.

참고 문헌

ㅇ

· 예영준. 2019. "[글로벌 아이] '지구전론' 다시 읽는 시진핑" 중앙일보. 2019.02.08.

· 유상철. 2018. 《2035 황제의 길》 메디치미디어. 2018.03.28.

ㅊ

· 최병일. 2015. '중국의 국제통상관계: 진화와 미래', 《중국, 새로운 패러다임》 한울 아카데미. 2016.12.20.

· 최병일. 2018. 〈국제통상질서의 New Normal〉 외교 v. 2018 no. 127

· 최병일. 2018. "미중 통상 전쟁과 중국의 첨단산업" 2018. 서울국제포럼

· 최병일. "[최병일의 퍼스펙티브] 미·중은 기술전쟁 본격화… 한국은 강 건너 불구경" 중앙일보. 2018.06.11.

· 최병일. "[최병일의 퍼스펙티브] 미·중 무역전쟁 대처할 한국 생존 전략 안 보인다". 중앙일보. 2018.08.20.

· 최병일. "[최병일의 퍼스펙티브] 미·중 신냉전 시작하는데 한국은 속수무책" 중앙일보. 2018.11.05.

ㅎ

· 한우덕. 2018. 《중국 함정》 올림. 2018.06.01.

A

· Allison, Graham T. 2017. 《Destined for War: Can America and China Escape Thucydides's Trap?》 Boston: Houghton Mifflin Harcourt. 2017.05.30.

- Autor, David. 2014. 〈Skills, Education, and the Rise of Earnings Inequality among the "Other 99 Percent"〉 Science, Vol 344, May: 843-851

- Autor, David, David Dorn, and Gordon H. Hanson. 2013. 〈The China Syndrome: Local Labor Market Effects of Import Competition in the United States〉 American Economic Review, Vol 103(6): 2121-2168

- Autor, David, David Dorn, and Gordon H. Hanson. 2016. 〈The China Shock: Learning from Labor Market Adjustment to Large Changes in Trade〉 NBER Working Paper No. 21906

B

- Barfield, Claude. 2011. 〈Telecoms and Huawei Conundrum: Chinese Foreign Direct Investment in the United States〉 AEI Economic Studies. 2011.11.16.

- Barfield, Claude. 2016. 〈How Trump's trade policy is dividing Republicans〉 AEI. 2016.07.28.

- Bergsten, C. Fred. 2008. 〈A Partnership of Equals〉 Foreign Affairs July/August 2008 Issue

- Bhagwati, Jagdish. 1988. 《Protectionism》 The MIT Press, 1988.06.

- Bremmer, Ian. 2010. 《The End of the Free Market: Who Wins the War Between States and Corporation?》 The Penguin Press.

C

- Campbell, Kurt and Ely Ratner. 2018. 〈The China Reckoning: How Beijing Defied American Expectations〉 Foreign Affairs, January/February

- Choi, Byung-il. 2016. 〈Whither the TPP? Political Economy of Ratification and Effect on Trade Architecture in East Asia〉 East Asian Economic Review

Vol. 20(3), 2016 September: 311-338

· Choi, Byung-il. 2018. 《Northeast Asia in 2030: Forging Ahead or Drifting Away?》 Asiatic Research Institute

· Choi, Byung-il and Changyoung Rhee. 2014. 《Future of Factory Asia》 Asia Development Bank and Korea Economic Research Institute

D

· Davis, Bob and Jon Hilsenrath. 2016. "How the China Shock, Deep and Swift, Spurred the Rise of Trump" THE WALL STREET JOURNAL. 2016.08.11. https:// www.wsj.com/articles/how-the-china-shock-deep-and-swift-spurred-the-rise-of-trump-1470929543

· Democratic Party. 2016. 〈2016 Democratic Party Platform〉 https://www.demconvention.com/wp-content/uploads/2016/07/Democratic-Party-Platform-7.21.16-no-lines.pdf

· Chen, Celia and Iris Deng. 2018. "WeChat joins list of Chinese technology banned by overseas militaries on security worries" South China Morning Post. 2018.03.14. http://www.scmp.com/tech/china-tech/article/2137232/wechat-joins-list-chinese-technology-banned-overseas-militaries

· Duhigg, Charles and Keith Bradsher. 2012. "How the U.S. Lost Out on iPhone Work" New York Times. 2012.01.21. https://www.nytimes.com/2012/01/22/business/apple-america-and-a-squeezed-middle-class.html

F

· Friedman, Thomas. 2017. "Trump is a Chinese Agent" New York Times. 2017.03.29.

G

· Glawe, Linda and Helmut Wagner. 2017. 〈The People's Republic of China in the Middle-income Trap?〉 ADBI Working Paper Series, No.749. 2017.06.

H

· Hicks, Michael J. and Srikant Devaraj. 2015. "The Myth and the Reality of Manufacturing in America" Center for Business and Economic Research, Ball State University

· Huang, Q., G. Liu, J. He, F. Jiang, and Y. Huang. 2017. 〈Middle-Income Trap and Manufacturing Transformation of the People's Republic of China(PRC): Asian Experience and the PRC's Industrial Policy Orientation〉 ADBI Working Paper No.752. Tokyo: Asian Development Bank Institute

· Huang, Yukon. 2017. 《Cracking the China Conundrum: Why Conventional Economic Wisdom Is Wrong》, Oxford University Press. 2017.07.21.

L

· Lardy, Nicholas R. 2012. 《Sustaining China's Economic Growth: After the Global Financial Crisis》 Peterson Institute for International Economics. 2011.12.15.

· Li, Eric X, 2017. 〈Under Xi, a Chinese renaissance is assured, contrary to what the West believes〉 South China Morning Post. 2017.11.01.

M

· Mearsheimer, John J. 2014. 《Tragedy of the Great Power Politics(Updated edition)》 W. W. Norton & Company. 2014.04.07.

· Mearsheimer, John J. 2014. "Can China Rise Peacefully?" The National Interest, 2014.10.25.

· Milanovic, Branko. 2016. "Why the Global 1% and the Asian Middle Class Have Gained the Most from Globalization" Harvard Business Review. 2016.05.13.

· Milanovic, Branko and Christoph Lakner. 2013. ⟨Global Income Distribution : From the Fall of the Berlin Wall to the Great Recession⟩ Policy Research Working Paper, The World Bank Development Research Group. 2013.12.

N

· Nathan, Andrew. 2016. "China's Rise and International Regimes: Does China Seek to Overthrow Global Norms?" in China in the Era of Xi Jinping, edited by Ross and Bekkevold, Georgetown University Press

· Naughton, Barry. 2016. "The Challenges of Economic Growth and Reform" in China in the Era of Xi Jinping, edited by Ross and Bekkevold, Georgetown University Press

· Nye, Joseph S. 1999. "As China rises, must others bow?" The Economist. 1998.06.25.

P

· Pei, Minxin. 2016. ⟪China's Crony Capitalism: The Dynamics of Regime Decay⟫ Cambridge, MA, Harvard University Press. 2016.10.03.

· Pence, Michael. 2018. "Remarks on the Administration's Policy Towards China" Hudson Institute. 2018.10.04.

· Phillusbury, Michael. 2016. ⟪The Hundred-Year Marathon: China's Secret Strategy to Replace America as the Global Superpower⟫ St. Martin's Griffin

· Putnam, Robert. 1988. ⟨Diplomacy and Domestic Politics: The Logic of Two-Level Games⟩ International Organization Vol. 42, No. 3, Summer, pp. 427-460

R

· Republican Party. 2016. Republican Party Platform 2016. https://www.gop.com/
the-2016-republican-party-platform/ (accessed 2016.07.31.)

S

· Shambaugh, David. 2016. 《China's Future》 Cambridge, UK, Malden, MA, Polity
Press

· Shambaugh, David. 2017. "Reform or repression: what will the next five years
bring for China?" South China Morning Post. 2017.10.12.

T

· Trump, Donald. 2017. The Inaugural Address. 2017.01.20.

· Trump, Donald. 2019. State of the Union Address. 2019.02.06.

U

· USTR. 2012. "The United States Concludes Review of Model Bilateral Investment
Treaty" 2012.04.

· USTR. 2017. 〈2016 Report to Congress on China's WTO Compliance〉 2017.01.

· USTR. 2018. 〈2017 Report to Congress on China's WTO Compliance〉 2018.01.

· USTR. 2018. 〈National Trade Estimate Report on Foreign Trade Barriers〉
2018.03.

· USTR. 2018. 〈Findings of the Investigation Into China's Acts, Policies, and
Practices Related to Technology Transfer, Intellectual Property, and Innovation
Under Section 301 of the Trade Act of 1974〉 2018.03.22.

· USTR. 2019. 〈2018 Report to Congress on China's WTO Compliance〉 2019.02.

W

· White House. 2016. "Statement by the President on the Signing of the Trans-Pacific Partnership" 2016.02.03.

· White House Office of Trade and Manufacturing Policy. 2018. 〈How China's Economic Aggression Threatens the Technologies and Intellectual Property of the United States and the World〉 2018.06.

· Woo, Stu and Kate O'Keeffe. 2018. "Washington Asks Allies to Drop Huawei" THE WALL STREET JOURNAL. 2018.11.23.

· Bob Woodward, 《Fear: Trump in the White House》, Simon & Schuster, 2018.09.11.

· WTO. 2015. "WTO members conclude landmark $1.3 trillion IT trade deal" 2015.12.16.

· WTO. 2018. 〈World Trade Report〉

· Wu, Mark. 2018. "Is China Keeping its Promises on Trade?" in The China Questions: Critical Insights into a Rising Power, edited by Rudolph and Szonyi, Harvard University Press

· Wübbeke, Jost, Mirjam Meissner, Max J. Zenglein, Jaqueline Ives and Björn Conrad. 2016. 〈Made in China 2025〉 Merics. 2016.12.

X

· Xi Jinping. 2017. speech at the Davos Forum. 2017.01.17.

· Xu, Vicky Xiuzhong. 2018. "New Zealand Blocks Huawei, in Blow to Chinese Telecom Giant" The New York Times. 2018.11.28.

미중전쟁의 승자,
누가 세계를 지배할 것인가? 미국편

초판 1쇄 발행 · 2019년 5월 15일
초판 2쇄 발행 · 2019년 6월 15일

지은이 · 최병일
펴낸이 · 김동하

펴낸곳 · 책들의정원
출판신고 · 2015년 1월 14일 제2016-000120호
주소 · (03955) 서울시 마포구 방울내로9안길 32, 2층(망원동)
문의 · (070) 7853-8600
팩스 · (02) 6020-8601
이메일 · books-garden1@naver.com
블로그 · books-garden1.blog.me

ISBN · 979-11-6416-010-5 (04320)
         979-11-6416-008-2 (세트)